曾琬铃_著

# 三十几岁财务自由

## 不上班也有钱

中信出版集团 | 北京

**图书在版编目（CIP）数据**

三十几岁，财务自由 / 曾琬铃著 . -- 北京 : 中信出版社 , 2021.4（2022.8 重印）
ISBN 978-7-5217-2817-0

Ⅰ . ①三… Ⅱ . ①曾… Ⅲ . ①私人投资—通俗读物
Ⅳ . ① F830.59-49

中国版本图书馆 CIP 数据核字（2021）第 028575 号



**三十几岁，财务自由**

著　　者：曾琬铃
出版发行：中信出版集团股份有限公司
（北京市朝阳区惠新东街甲 4 号富盛大厦 2 座　邮编　100029）
承 印 者：北京中科印刷有限公司

开　　本：787mm × 1092mm　1/16　　印　　张：17.5　　字　　数：160 千字
版　　次：2021 年 4 月第 1 版　　印　　次：2022 年 8 月第 4 次印刷
书　　号：ISBN 978-7-5217-2817-0
定　　价：65.00 元

# 提前退休，没你想的那么难

很多朋友都有过类似的梦想：如果有一天，自己手里能有一大笔钱，就把钱存在银行里，靠吃存款利息就可以再也不用为钱工作，潇洒地辞职，环游世界，跟 996 说拜拜，从此“海阔凭鱼跃，天高任鸟飞”，开心地做自己想做的事情。那该有多好呀！

这其实就是一个财务自由的雏形。

不过，把钱全部存银行吃利息，真的可以让我们一辈子衣食无忧吗？

这个方案里有一个最大的敌人，就是通货膨胀。

通货膨胀是什么呢？

最简单的理解，就是钱不如以前值钱了。想想 90 年代，100 元能买多少东西？现在还有多少购买力？如果只是把钱存银行，利率是跑不赢通货膨胀的。这也就意味着，自己家庭实际的购买力正在缩水。所以把钱存银行吃利息，过几年我们就会发现，靠利息根本支撑不起自己想要的生活。

那该怎么办呢？

我们需要配置一些能跑赢通货膨胀的资产，这样才能让自己后半辈子吃喝不愁，不必担心“人还在，钱没了”。

其实长期跑赢通货膨胀的资产，对我们普通投资者来说，主要是 3 类：

· 优质的股票资产。
· 优质地段的房地产。
· 优秀的人力资产。

其中，人力资产就是我们自己，人力资产的现金流就是工资。我们让孩子好好学习、考个好大学，目的都是提高人力资产的价值。学习的重要性就不用说了。

房地产的投资价值标准不一。不同城市，甚至同一个城市的不同地段，房地产的长期收益都有差别。不过一二线城市优质地段的房地产长期收益还是可以跑赢通货膨胀的。

不过，人力资产的提高，不仅需要自己后天努力，还得看天赋；房地产的投资门槛高，而且还限购，区域化差异又特别大。

最后，比较适合大部分家庭积累的优质资产，就是股票资产了，例如股票基金。

说到股票基金，很多人会觉得，它是一个风险很大、收益不确定的品种。实际上，无论是国内 A 股的股票基金，还是美股的股票基金，长期的收益都不错，均可以达到 10% 以上的年化收益率。这个收益率是能超过同期银行理财产品不少的，也超过了通货膨胀的速度。

如果家庭资产中配置了一定比例的股票基金，理论上其收益率是可以跑赢通货膨胀的。这样家庭整体的购买力也不会缩水。

只不过股票基金的波动也很大，属于典型的“高风险高回报”的品种。所以，要想通过股票基金赚钱，确实需要一点技巧。比如选择优秀的成本低的指数基金，用定投的方式减少风险。这些内容在笔者的两本书《指数基金投资指南》和《定投十年财务自由》当中也有介绍。

说了这么多，听起来也很好，那到底有没有人真的通过积累股票基金，实现了财务自由呢？

答案是：有的。

《三十几岁，财务自由》这本书提到了一个详细的、通过购买股票基金中的指数基金，来实现财务自由的案例。

这本书的作者只是一个普通的上班族，她和老公刚工作的时候，两个人一穷二白，身上还背着不少债务。每天早上睡眼蒙眬地去上班，晚上披星戴月地回到家，一天下来身体十分疲惫。终于有一天，他们决心不再过这样周而复始的生活，定下了 10 年之内退休的目标。

他们通过定投指数基金和“4% 法则”，最后真的实现了财务自由。

什么是 4% 法则?

4% 法则，是麻省理工学院的学者威廉 · 班根（William Bengen）在 1994 年提出的理论。

“通过投资股票资产，每年从退休金中提取不超过 4.2% 的金额用来支付生活所需，那到自己去世，退休金都花不完，因为股票资产自己会增值。”（如果四舍五入一下，就是 4%，这就是俗称的 4% 法则。）

换句话说，如果一年需要开销 10 万元，那需要多少股票资产才能退休呢?

我们可以用这个公式计算一下：10/4% = 250 万元。也就是说，攒下 250 万元，并且把这 250 万元投资到指数基金上，就可以在年开销 10 万以内的情况下，实现财务自由。

那么，《三十几岁，财务自由》这本书的作者，定下的目标是多少钱呢?

作者经过计算，觉得自己需要至少 600 万元，就可以实现财务自由的目标，不用继续上班，而是去环游全世界。

所以作者和她的老公就立下了“10 年内退休”的计划。

目标就是在 10 年内，通过定投指数基金，积累下 600 万元的指数基金资产。之后每年从指数基金中提取不超过 4% 的钱用来生活，环游世界！

他们是怎么做到的呢？

他们并没有继承遗产，靠变卖家产实现财务自由。他们就是靠自己，通过努力工作，辛苦攒钱，认真投资，最终实现了梦想。

主要就是三板斧：节流、开源、定投。

首先是节流，也就是省钱，这是一个最快速积累财富的方法。通常建议在工资发下来之后，拿出 20% 马上存下来，用来投资理财。这对大多数人来说，是很好的攒钱方法。这本书作者甚至存下了收入的 70%。她和老公就连蜜月旅行，都只是花了几百元去徒步旅行。

其次是开源，仅仅是节流还不够，节流是最容易做的，但省下来的钱可能比较有限，还要努力提高自己的收入。

如何提高自己的收入呢？主要是通过两种方式。第一，努力工作，争取加薪的机会。第二，开拓一些其他的收入来源。这也就是现在流行的斜杠青年。多一个收入来源，也会大大加速财务自由的进程。

最重要的是第三个方法，通过定投，积累优质的指数基金资产。指数基金是股票基金的一种，具备低成本、透明等优势，很适合作为普通投资者投资股票基金的入门选择。不过股票基金毕竟波动较大，没有经验的朋友，不建议上来就投入很多钱。

这本书作者将家庭资产中 99% 的钱都放在指数基金中。刚开始的时候遇到股灾，一晚上 10 万美元就不见了，但她把电视关掉，饭照吃，觉照睡。

慢慢有了经验之后，她发现，遇到股市大跌到便宜的时候，往往是很好的投资机会。

靠着这三板斧，作者从一个普通上班族，成功地在 10 年里，和丈夫攒下了自己目标的“梦想基金”，开始环游世界。

刚开始读这本书的时候，笔者觉得作者的方法“太过分、太小气”了。读完这本书后，笔者又有了新的感受，觉得这个作者倒不是“葛朗台”式的抠门。

葛朗台是为了抠而抠，而这本书作者，她是为了自己的理想，去忍受 10 年的辛苦生活，为了日后享受自己想要的生活。这样有理想和行动力的人是可敬的。

当然，这种自虐的方式也比较辛苦。如果大家不追求 10 年内实现财务自由，可以把时间放宽一些，其实也是不错的。

作者的经验对我们想要实现财务自由，也是很有借鉴意义的：节流、开源、定投。

养成良好的消费习惯，攒下至少 20% 的收入用来投资理财。努力工作，把自己的人力资产的现金流提高。把定期获得的收入，定投到优质的指数基金上，积累财富。这就是我们普通人实现财务自由的三板斧了。

银行螺丝钉

# 一起不上班也有钱

如果回到过去，问问小时候的我：以后长大要做什么？10岁的我很有志气：“我长大后想要成为有用的人。”20岁的我可能跟大部分的人一样：“想成为成功的有钱人，有车、有房，能每年出国玩一两次，不为钱烦恼。”

但怎么样也想不到，30多岁的我，不靠抢银行或中彩票，已经可以退休了，还有足够的钱去环游世界。

“怎么办到的？”为了回答这个问题，我开始写下一篇篇的网络日志。我很幸运，在人生的路上遇见了价值观与我很接近的另一半。我跟先生（当年的男友）在20多岁时，只有一个模糊的想法：有没有不需要担心没钱又可以环游世界的办法？

这个一开始很多人认为是不可能达成的“妄想”，我们真的用了十几年把它化为“梦想”，进而实现为“真实”的人生——靠着上班收入和没有什么难度的投资理论，实现了财务自由。所有的做法都是“只要愿意，你们也可以做到”的方法。

人生，不应该只有努力工作到老，买车、买房这条路。我们把故事分享在网络上之后，常会有网友发消息来，称我们的故事让他们重新思考了人生的方向，调整了自己的目标，发现财务自由不再是遥不可及的幻想。每次看到这样的消息，我们都很感动；也才知道，原来自己或许可以贡献一点小小的力量，帮助其他人。

希望这本书能让更多人像我们一样，实现财务自由，有更宽广的人生。

这本书不是理财书，没有什么高深的学问，比如高收益投资操盘手法；而是在讲述一个筑梦圆梦的真实故事。我们把如何做到三十几岁退休的方法，整理成书；配上我们这几年的背

包旅行照片，带着各位朋友，一起走过我们的人生旅程。或许这个故事，会在你们的心中埋下一个新想法的种子，为 10 年后、20 年后的自己，勇敢筑梦，提早实现财务自由，享受身心自由的一生。

大家一起不上班也有钱！

衷心感谢网络上许多素未谋面、总是温暖支持我的网友。谢谢这本书的编辑，有耐心、毅力追踪在世界居无定所的我，没有他们的督促，这本书就不可能完成。最后一定要谢谢常被我在网络上“出卖”的老 J 先生，没有他的坚持，就没有我们今天的生活。

期待 10 年后的我，可以跟儿子说，妈妈曾经出了一本书。

## 第1章 一切都是因为一个梦想



## 第2章 10年后财务自由

## 第5章 学会投资，时间带来金钱



## 第6章 开始不一样的人生

# 第1章

# 一切都是因为一个梦想

为了圆梦，我们开始想要提前退休，
在还走得动的时候去看看世界；
而我们提前退休的方法，
成功的概率绝对比中彩票的概率还高。

1-1

# 我们30多岁，退休了！

想到要为了钱，花费大半生在工作上，实在非常折磨人！所以我们想尽办法，靠着上班族的收入，在 40 岁前实现财务自由。

“听说坎昆（Cancun，墨西哥著名旅游城市）现在有很多鲸鲨耶。”身旁的老公 Jeremy（我叫他老 J）正一边大口吃着一只仅要 35 元的大龙虾，一边口齿不清地把电脑屏幕转过来让我看。

24 小时之后，我们已经在墨西哥女人岛（Isla Mujeres）的海里，被二十几只鲸鲨包围。

# 十年定投 财务自由

## 《三十几岁，财务自由》导读

《三十几岁，财务自由》（繁体原版书名是《不上班也有钱》）这本书是一本“奇书”，“奇”在哪里呢？

这本书的作者，从一个普普通通的上班族开始，仅仅定投了10年的指数基金，就实现了自己财务自由的梦想，开始跟家人一起环游世界。

是不是听着很神奇呢？只定投了短短10年指数基金，就实现了财务自由，她究竟是怎么做到的呢？

# 财务自由的

# 4%

# 法则

这本书的作者，10年前跟当时的男友(后来的老公)第一次去泰国穷游，就有了环游世界的梦想。但是，如果等到60岁退休再去环游世界，可能很多地方都去不了，很多苦都吃不了。

世界这么大，她想年轻的时候去看看！

作者就给自己定了一个目标：在40岁之前退休，实现财务自由，环游世界。

一开始，作者是想以“边旅游边打工”的形式实现，她老公甚至想过当潜水教练、英语老师。

后来在收集资料的过程中，两个人认识到，比“边旅游边打工”更好的方式，是先攒钱，实现财务自由之后，再环游世界。

## 什么是财务自由？

就是有一天，你的被动收入，可以支付你的支出，就实现财务自由了。也就是，不上班，也有钱。

首先，能够满足日常的生活所需。

其次，它得是自由的，也就是把人力资产解脱出来。

## 如何实现财务自由？
## 要实现财务自由，到底需要多少钱呢？

这里有一个非常好用的法则，就是4%法则。

4%法则，是由麻省理工学院的一位学者威廉·班根，在1994年提出来的。

我们通过投资股票，或者一些其他金融资产，每年从退休金当中提取不超过4.2%的金额，用于支付日常生活所需，那么直到退休的时候，我们的退休金是花不完的。

为什么花不完？

因为股票资产自己会增值，增值的幅度，是可以超过每年4.2%的提取比例的。

所以用这种方式，就可以实现财务自由了，如果四舍五入一下，就是4%，这就是俗称的4%法则。

换句话说，假设一个家庭，每年的支出是10万元，10万元除以4%就等于250万元。

也就是说，手里有250万元的股票资产，就具备了实现财务自由的可能性。

作者根据4%法则，计算出自己的家庭实现财务自由，大约需要650万元人民币。

在大学毕业的那一天，作者和她的老公，就立下了“10年内退休”的计划。

目标就是在10年内，通过定投指数基金，积累3 000万台币，约合650万元人民币的指数基金资产。之后每年从指数基金中提取不超过4%的钱用来生活，环游世界！

怎样才能攒下价值650万元的指数基金资产呢？

## 作者主要用了三个方法：节流、开源和定投。

# 节流

## 投资理财的第一步

对普通人来说，节约下钱来储蓄，是投资理财的第一步。

但要攒下财务自由所需要的本金，并不是一件容易的事情。

人的本性是不耐的，钱到手，花掉享受，能够即时获得满足感。这是人的本能。

克服这种本能，把钱存下来，用来投资，延迟一段时间获得享受和满足感，这是逆人性的操作。

其实，仅仅是“能存下钱”这一步，能做到的人就不多。

能存下钱长期投资，克服即时享受，这是投资的第一步。

## 《三十几岁，财务自由》这本书的作者是如何攒下钱的呢？

从螺丝钉自己的角度来感觉，比较好用的方式主要有三个：

### (1) 首先是记账。

在开始投资理财之前，作者跟大多数普通人一样，认为记账太麻烦了，没必要。但是后来因为要尽可能地节约开支，知道自己的钱都花到哪里去了，所以才被迫开始记账。

“不记不知道，一记吓一跳”。零食、饮料、星巴克、新款手机、买了没穿过几次的衣服……原来生活中浪费掉的钱这么多！

很多人是没有记账的习惯的，但是，如果我们不知道自己的钱花到哪里去了，最后整体衡量开销，做节流就是非常难的一件事情，所以第一件事情是要记账。

### (2) 区分想要和必要。

很多时候，我们只是一时冲动，想要买东西。比如，直播导购这种商业模式，就是冲动消费的一个重要体现。

对于家庭资产的积累来说，我们要区分想要和必要。有时候我们看一些电商主播介绍一些东西，我们就觉得，这个东西可能有用，或者这个东西很便宜，不买就亏了。其实这种需求，只是想要，而不是必要。

## (3)给消费贴上一个生命标签。

我觉得这个方法很有意思，给消费贴上一个生命标签。

什么是给消费贴上一个生命标签呢?

比如，你看好了一部手机，这部手机要花4 000元。

你可以先算一下自己一小时能赚多少钱：一个月正常是22个工作日，每天工作8小时，一个月工作的时间是176个小时，你用自己的月收入除以自己工作的时间，就得到了自己的时薪。

我们在消费的时候，就可以去算一下，比如你的时薪是100元，买一部4 000元的手机，相当于你工作40个小时，这部手机消耗了你40个小时的生命，这就是给消费贴上了一个生命标签。

问问自己，真的值吗?

在消费前，给这笔消费贴上生命标签，看看值不值，就会刻意避开一些没有必要的消费了。

一开始螺丝钉也觉得，作者未免太节省，“太过分、太小气”了。

后来读完了这本书，觉得这位作者倒不是“葛朗台”式的抠门。

葛朗台是为了抠而抠，而这位作者是有自己的理想的。她愿意为了自己的理想，去忍受10年的辛苦生活，之后就可以享受自己想要的生活了。这样有理想和行动力的人是很“可怕”的。

不要觉得太辛苦，要看你愿意为未来付出多少。作者辛苦了10年，30岁之后就可以自由一辈子，开启环游世界之旅。

# 开源

## 努力工作，
## 打造多元化收入

要比别人提早30年退休，仅仅节流是不够的，节流是最容易做的，因为节流的总量可能比较小。这种情况下，我们要想着去开源，来提高自己的收入。

## 如何去提高自己的收入呢?

主要有两种方式：

(1)比别人更加努力地工作，争取加薪。

(2)寻找其他被动收入来源。作者的老公创立了自己的旅行博客，接入广告，每个月可以获得一定的被动广告收入(10年前，当时博客还比较流行)。

对大多数人来说，想要增加收入，做一个自己喜欢和擅长的副业，是更好的途径。

这个副业，不一定是打零工之类的，可以有很多形式。

比如家里有房子，做房东出租房子赚租金；比如下班后开“滴滴”赚钱；比如擅长写文案的，可以投稿赚稿费；比如做点小生意等。

这些都是在主业之外开拓了另一个收入渠道。

## 那么，选择什么样的副业更好呢?

副业最好选择风险低一些的，不要是那种一上来就投入大量资金的项目，或者是自己不熟悉的项目。不熟不做。

这样，即便副业做失败了，也不会对家庭有太大的影响。

其实从风险的角度来看，如果家庭收入都是来自主业，相当于把鸡蛋放在了一个篮子里，也是有风险的。

而增加副业的收入，也是提供了另外一个收入来源，分散了风险。

在股票投资中，有一个规则：

“如果只持有一只股票，那风险会非常大。如果持有股票数量增加到5~8只，那波动风险会显著下降。如果持有30~50只，那大部分个股波动风险都会被化解。”

这也是很多股票指数选股数量定为50只的原因。

其实家庭收入也是这样的。

当然，我们不用做到50份收入来源那么夸张，实际上收入来源增加到3~5个，家庭的收入就会非常稳定了。

在现代社会，我们也经常听到一个词：斜杠青年。

## 斜杠是什么意思呢?

它说的是一个人有多个不同的社会身份。例如上班族／足球爱好者／摄影师。

斜杠青年，通常就是在主业之外，还有多个不同的副业。用这种方式，我们可以更好地适应这个社会，家庭也更加稳健。

这里有一点要注意的是，我们在做副业的时候，不能用在公司的上班时间做。在上班的时候，还是要兢兢业业地完成主业工作。

副业，可以用自己下班的时间和休息的时间来做。

一个主业收入来源，一到多个副业收入来源，一到多个投资收入来源，这样就能使家庭的收入更加稳健。

# 定投

## 上班族实现财务自由最靠谱的方式

## 第三个方法，
## 就是定投指数基金，放大自己的收益。

其实，这对小夫妻刚开始工作的时候，薪水并不高，家庭月收入也就是15 000元人民币左右。这个收入大部分一二线城市的家庭都能拿到，三四线城市的家庭努努力也能够到。但是，当他们10年后准备“退休”的时候，他们已经攒下了价值650万元人民币的指数基金资产！

当然，在这个过程中，有他们不断努力、辛勤工作的身影，在他们准备退休的时候，他们的家庭月收入大约是5万~6万元人民币，已经是刚开始工作时候的3~4倍了。而且，他们攒钱的方式也近乎自虐，几乎存下了收入的90%。

不过，最重要的是，他们选择了正确的投资方式，把自己的积蓄几乎全部定投到了美股指数基金上。

也有人会有疑问，是不是因为美股牛长熊短，牛市比较长，所以只有美股的指数基金才适合定投呢？定投指数基金的方法，在A股能不能适用呢？

我们来分析一下。

从2003年到2013年，美国股市整体收益其实一般。

比如标普500指数，从2003年的1 000点左右，涨到2 650点左右。

我们看一下国内同时间段的A股指数，收益都比标普500高一大截，假设把每年的分红收益也考虑在内：

沪深300指数从1 000点涨到了4 900点；

中证500指数从1 000点涨到了6 800点。

无论哪一个，都比美股的标普500指数收益要高。

换句话说，我们有比这对中国台湾小夫妻，好一大截的定投环境。假设这对小夫妻定投的是A股的指数基金，在同样的10年，他们可以积累下接近1 000万元的A股指数基金。

## 另外一个问题就来了，
## 那我们该用什么样的方式去投资指数基金呢？

最适合上班族的投资方法，就是定投。

其实，我们大多数的上班族，都有在做定投。

比如，每个月发到手的工资条，里面就会扣除五险一金，大家有没有想过五险一金，最后到底去哪了呢？

实际上，国家把我们的五险一金汇总起来，变成了养老基金和社保基金，就像挪威政府养老基金一样，去投资其他的资产，到我们退休的时候，就可以领到退休金了。

像养老保险这么重要的关乎国计民生的投资计划，国家选择了定投这种方式，就是因为定投是久经考验、非常优秀的投资策略，与普通投资者最为契合。我们也可以使用这个策略来投资指数基金，效果也是非常好的。

## 定投有很多的好处。

第一，定投的门槛很低，大多数指数基金，只要百元左右就可以开始定投。

第二，定投对投资时机要求也不高。每个月只需要在固定的时间去投资就可以，并不需要我们费心费力去选择投资的时间。

第三，定投可以分摊成本，化腐朽为神奇。

例如，去市场上买苹果，贵的时候10块钱一斤，便宜的时候5块钱一斤。我们每次买10块钱的苹果，贵的时候能买1斤，便宜的时候能买两斤，这样算下来，平均6.7元一斤。

定投可以自动让我们在便宜的时候多买一些，如果便宜的时间越长，我们就可以把成本摊得更低。

关于如何做好定投，在螺丝钉的《定投十年财务自由》一书中有详细的介绍，有兴趣的话，也可以深入了解一下。

# 如何选择定投的指数基金

那么，对于普通投资者来说，怎样挑选适合定投的指数基金呢？

我们可以采用这种方式：以宽基指数基金为主，以优秀行业指数基金为辅。

## 什么是宽基指数呢？

其实宽基指数，就是包含了各行各业的一类指数。比如我们比较熟悉的沪深300、中证500；比如美股市场的标普500，日本市场的日经225等，这些都是各个国家最有代表性的宽基指数。

另外，也有一些其他类型的，比如红利、基本面、价值，这种策略类的指数，也属于宽基类的指数。

这种宽基类指数，包含了各行各业，长期的盈利比较稳定。它分享的是整个社会的经济增长。

比如，沪深300指数，投的就是A股全部上市公司规模最大的前300家，它的规则就这么简单。上证50指数，投的就是上海交易所规模最大的50家。

因此，这类品种你一旦了解了它的规则是什么，整体就知道了这类品种长期投的是哪一类的股票。

除了宽基指数基金，我们还会看到一些指数基金是行业型的。

比如最近两年比较热的医药行业、消费行业、科技行业，这是最常见的三类行业类的指数基金。

这类品种也是比较适合普通投资者去投资的。

我们通常把A股的上市公司划分为10个一级行业。

这10个一级行业包括消费、医药、金融地产、可选消费、电信、信息技术、工业、原材料、公用事业，还有能源。

在长期投资的时候，虽然每个行业都是社会必不可缺的，但是不同行业给股东带来的收益是有比较大差别的。

因此，我们在投资的时候，通常是选择收益比较好的优秀行业去投资。

在过去十几年里，涨幅最高的行业是消费行业，其次是医药行业，排在第三位的是金融地产，第四位是可选消费。

那收益比较低的行业是哪些呢？是能源行业，比如石油、天然气这些行业。

如果我们把宽基指数，比如沪深300、中证500这种宽基指数，放在这10个行业当中，它们的收益大约会排在可选消费和电信业务之间。

也就是说，如果我们投资沪深300、中证500，就可以跑赢大约60%的行业。

比沪深300、中证500收益高的行业，主要就是这四个：必需消费、医药、金融地产、可选消费。

另外，还有一个不在10个一级行业里面的、长期收益比较好的行业是科技行业。

科技是一个主题性质的行业，它不是一个严格意义上的行业划分。在科技行业当中，也经常会出现一些非常厉害的公司，比如腾讯、阿里巴巴这些互联网龙头。所以说，科技行业的长期收益也不错。

总体上来说，长期收益最好的前三个优秀行业就是消费、医药和科技。

**因此，我们在投资指数基金的时候，以沪深300这样的宽基指数为主，搭配消费、医药、科技这样的优秀行业为辅，这样配置下来，长期收益不会差的。**

**不过在分配比例上，普通投资者家庭，应该以沪深300这样的宽基指数基金为主，搭配消费、医药、科技这样的优秀行业为辅，这样去构建组合会更稳健一些。**

另外，我们在投资指数基金的时候，也要注意，不要买在五六千点的高位上。

假如是在2007年、2015年投资指数基金的，很有可能会被套很长时间，收益肯定也不会太好。

我们在投资的时候，要买在一个市场相对便宜的位置，这种情况下投资，对我们的长期收益会更有帮助。

怎样知道当前的市场是便宜还是贵呢?

大家可以关注螺丝钉公众号“定投十年赚十倍”。在每个交易日的晚上，螺丝钉都会推送一个指数基金的估值表。在这个估值表里面，包含对当前市场的投资情况的判断，以及一些指数基金品种的估值情况，包括对应的指数基金有哪些。

如果大家对指数基金投资感兴趣，
推荐螺丝钉的《指数基金投资指南》和《定投十年财务自由》这两本书。
在这两本书当中，
我们也详细地介绍了很多指数基金各自的规则是什么，
以及具体的定投策略。

关于更多指数基金投资知识和财务自由方法，
大家可以在“定投十年赚十倍”获取。

我整个人都被几只巨大无比的鲸鲨包围着。每一只几乎都触手可及，我脑中响起电影《大白鲨》的配乐“噔噔噔噔噔噔……”

还没“噔”完，老J用力拉着快没力气的我，继续往前游，追着它们。因为这趟与鲨共游要花120美元，所以一定要用尽全力游到回本为止！

“接下来要去哪里？”上岸后的老J躺在世间少有的洁白沙滩上，喝着冰冰凉凉的玛格丽特（Margarita），不经意地问我。

“欧洲？美国？南美？亚洲？”我也不知道。世界实在是太大了，加上刚才游泳游到脑袋还在缺氧，实在很难马上做出决定，还是先待在海边放空几天好了。

从2013年以来，我跟老J就过着像这样随心所欲的生活。从墨西哥出发，没有固定的行程，走到喜欢的小镇就住下来，待上几个月。我们探索神秘的古玛雅（Maya）文明及阿兹特克（Aztec）遗迹，到过危地马拉火山湖下的小村落，与原住民共同生活，探访了开放禁运前的古巴……接下来，还有60多年无限探索的可能。

因为我们30多岁就退休了！

旅行时我们遇见很多好奇的人，问的都是大同小异的问题：“你们是怎么做到的？居然可以那么年轻就退休，环游世界，我们也好想这样呢。”

我们就开始向他们解释，在工作时如何努力存钱和理财，只要存十几年就可以跟我们一样提前退休。

“哦，这样做好难啊！有没有简单一些的方法？”

大部分人在不知不觉中，花了大半生将近 40 年的岁月在工作上。但对我们两个人来说，想到要为了钱，做着一成不变的工作并且付出 40 年的人生，这才是最难、最可怕、最折磨人的。

所以我们想尽办法，用了 10 多年的时间，靠着上班时的收入，在 40 岁前就实现了财务自由。

现在也请你们闭上眼睛，想一下，如果自己 10 年后不上班也有钱，你想做什么。

年轻时候的梦想是不是逐一浮现了出来？

当你知道不用等到七老八十也可以退休，只要咬牙努力十几年，梦想有没有越来越清晰地呈现在眼前？

**➲女人岛**

躺在世间少有的洁白沙滩上，喝着冰冰凉凉的玛格丽特，我们待在海边把脑袋放空了好几天，真是惬意的享受。

1-2

# 改变人生的一场旅行

旅行可以不只是坐着游览车走马观花，还可以不住大饭店，不去观光客聚集的地方。花很少的钱，却能真正走进当地人的生活。

旅行，很令人上瘾，可以暂时脱离每天舒适却有点一成不变、枯燥乏味的生活。

在旅程中，每天都是新鲜的未知数，每天都有不同的期待和兴奋，不知道今天又会遇上什么有趣的事物，邂逅什么人。就算遇上些倒霉事，也都很值得日后回忆，自己仿佛变成了一个勇于冒险的人。

等回到“正常”的生活后，换上认真负责的面具，那个有趣的自己又慢慢不见了，继续朝九晚五的工作，日复一日单调的生活。

10 年前我跟老J（当时还是男友）第一次一起到泰国自助旅行，第一次真正当个背包客，没有预先订酒店，买了张机票直接飞到当地。

下飞机后我背着背包四处打听哪里有便宜的旅馆，第一天住进了一家一晚上不到 120 元的小旅馆，已经觉得自己很厉害了；后来更找到了一晚上 70 元、没有空调、没有热水的当地小屋。

我逛着当地的小市场，一边吃着路边摊售卖的装在塑料袋里的咖喱，一边微微地担心，等一下会不会拉肚子，附近的厕所不知道在哪里……

那次之后，我们好像发现了新大陆：原来旅行可以不只是坐着游览车走马观花，还可以不住大饭店、不去观光客聚集的地方。花很少的钱，却能真正走进当地人的生活，体验当地文化。

这次自助旅行用光了我一年的 7 天年假，而且还是冒着被老板“砍头”的风险，硬是请了连休假。7 天的旅行，一下子就结束了，真舍不得离开，很不想回去上班。

从这之后我和老J一直讨论着环游世界的梦想。但只是一个小小的岛就可以让我们玩那么久，如果真要环游世界，需要多少时间？

如果等到60岁退休再去环游世界，可能很多地方去不了、很多苦吃不了。要不要干脆辞职说走就走，趁年轻带着存款，能玩多久是多久，潇洒地挥霍青春，爽快地走一回人生……甚至还想过老J可以沿途当潜水教练、英语老师，我可以打工，只要有勇气，没什么做不到！

如果我们还是当年大学刚毕业的学生，没什么可以失去，那可能就有勇气花一两年的时间去体验人生百态，通过旅行更了解自己真正想要的人生是什么。

但可惜的是，我们那时正值老大不小的年纪，再加上我和老J从小对钱就没有安全感，实在不敢抛下一切，没有收入就去旅行，很害怕挥霍了最宝贵的年轻岁月后，万一回来找不到工作怎么办。

所以我们开始寻找方法，看能不能既趁着年轻环游世界，又不用为了未来的金钱而烦恼。

在找资料的过程中，慢慢接触到财务自由[1]和被动收入[2]的概念，也让我们开始思考：生命中重要的到底是什么？我们真的要为了住一间大房子、开一辆好车、买奢华的家具、穿当季的新衣服、手拿名牌包、吃大餐……而不断卖命工作吗？上班真的很辛苦，如果把最宝贵的40年青春岁月全部奉献给工作，去换回这些可能过几年就变成垃圾的物品，值得吗？

1 财务自由，就是有一天你的被动收入可以支付你的支出。

2 被动收入，就是不需要工作就有钱。

Winnie 散漫游

2013年7月／墨西哥．女人岛

## 和鲸鲨面对面的距离

我们赶了一天的路，就是为了来女人岛跟鲸鲨同游。随着阵阵打来的海浪，我抓着船缘努力稳住自己；鼓起勇气跳入海里才知道海流有多强劲，拼了命地游才能勉强往前移动。但一切的辛苦，在看到眼前出现的第一只鲸鲨时，全部化为乌有。值得，绝对值得！

## 1-3

# 学贷、卡债、房贷，一个也没少过

大学毕业那年，我们都背着债务，每天早上睡眼惺忪地起床上班，夜幕降临时再疲惫地回家。思考很久后，我们有点异想天开，订下了 10 年内退休的梦想计划。

我跟老 J 并不是有钱人家的小孩，当然也没有幸运到中了彩票一夜致富。不久前，我们仍是朝九晚九的普通上班族，每天早上睡眼惺忪地急忙起床去上班，晚上再拖着疲惫的身体回家。

曾经我们也以为，工作 40 年是一件再正常不过的事，根本连想都没想过“退休”这件本应在65岁以后才会发生的事。直到我们一起去了一趟改变人生的旅行，才慢慢地有了提前退休的梦想。

其实，在决定努力提前退休之前，我们的人生道路跟大多数人很像：好好读书、上大学，找份好工作……然后财富就会滚滚而来。一开始，我和老J也跟多数人一样，追随这条我们唯一知道通往成功的道路。

回想起大学毕业那年，我们身上还各自都背着债务。老J欠下了35 000美元的学生贷款，还有5 000美元的卡债，他大学最后半学期的课业太忙，没办法打工，只能先靠着信用卡和借记卡生活。

他跟我说，有时候为了省钱，午餐只能吃学校餐厅放在餐具旁边，用来加在汤里的免费的小块苏打饼干。听到后，连我都觉得很心酸。

我则是靠着学贷和半工半读撑到毕业，专科5年加上大学本科2年共欠了十几万元的学贷。还记得念专科时，我的午餐常常是茶叶蛋加上一瓶绿茶就打发了。

开始工作后，我努力先还清贷款，因为害怕没钱，所以努力赚钱、存钱。那时候的想法就是要拼命赚钱，想办法挤进最知名的企业，追寻着能跻身为成功人士的道路，确保以后能过“好日子”。

因为成长路上太缺钱，所以我和老J两个人对钱有着巨大的渴望，都梦想着未来一定要成为“有钱人”。所以我们做了很多有钱人似乎都会做的事：贷款买了80%属于银行的房子、80%属于银行的车。

虽然过着自认为不浪费的日子，但还是偶尔会买些新衣服，跟朋友聚餐享受一下生活，甚至每年去度假一次，买一些感觉会让我们幸福的东西。

如果这条路一直走下去，到我们65岁退休时，可能会有一间塞满东西的房子，一两辆车，一柜子不太穿的衣服、鞋子，还有很多当初不知道为何而买的东西。

思考很久后，我们有点异想天开，订下了10年内实现财务自由的梦想计划。想在还走得动的时候，不用为了金钱而烦恼；在身体还健康的时候，可以悠闲地漫游世界。而且，我们提前退休的方法，成功的概率绝对比中彩票的概率还高！

1-4

# 没有不可能，长达60年的壮游



人生的路有很多种，如果你看到我们选择了另一种人生道路，而且成功了，希望能鼓励你，趁年轻时提前设定目标，奔向自由。

为了圆梦，我们开始有了提前退休的想法，想多存点钱，在还走得动的时候去看看世界。

我们开始寻找能提前实现财务自由、随心所欲地生活的方法。定下退休金的目标后，我们过起了节俭的生活，把生活中的四大支出——衣、食、住、行减至最低。不买车、不买房，租便宜的学生公寓，骑自行车上下班，减少在外就餐，穿二手衣服，不买非必要的物品……从刚开始能存下50%的收入，到后来慢慢地每个月能存下70%的薪水。

当身边的同事、朋友们随着年纪增加而收入也随之增加，开始提升他们的生活质量时，我们还是始终如一地维持着节约的生活。随着收入增加而增加的，只有我们的存款。

10年后我们终于达成目标，可以靠着长期投资的收入来生活，不用为了金钱而烦恼。30多岁的我们，在身体还健康的时候，可以悠闲地漫游世界。2013年，我们清空了家里所有物品，背上背包，过上了随心所欲的生活。

现在的我们没车、没房，旅行时除了身上扛得动、带得走的东西以外，什么也没有。最近在网上看到很多讨论gap year（简单说，就是辞去工作，放自己一年假去旅行）的文章，10年前的我们终究因为没有勇气放下一切，而选择了另一条比较保险的路；但如果花10年的时间，换来不只1年，而是60年的自由人生，你愿意吗？

很多年轻人认为，退休是很久以后的事，选择把收入拿来“提高生活品质”。因为买了各式各样的东西，所以还得买个家，负担着房贷来囤积这些东西。

如果工作累了，就休年假出国玩几天，走马观花时再多买点纪念品来犒劳自己；收入多了就去远一点的地方，买好一点的车，换大一点的房子，三四十年的生活就这样周而复始地过着。

我跟老 J 在工作时，收入都不错，如果继续工作到 60 岁，应该可以全身名牌，但那些身外之物真的值得你浪费生命、苦苦追寻吗?

我们宁可选择把大部分（70%）的收入拿来赚取利息。其实多数珍贵而无法取代的东西都是无形的——亲友们的祝福，旅行中的见闻，背包装不进的，就放入眼里、心里珍藏，两手空空背着背包，自在地到处旅行，体验生活。这些对我来说，比拥有任何东西都珍贵。

实现财务自由后，心灵也自由了。你可以选择自己想做的事、想去的地方；热爱工作的人不用为了生计，而是出于热情做自己喜爱的工作，快乐自在地享受生活。

存款高低与收入高低有相对关系，但没有绝对关系，我们有很多高收入却低（零）存款，甚至还负债的朋友。如果你也想提前退休，且不用为钱困扰，快快开始计划如何奔向你的财务自由之路吧!

第一个步骤很简单，就是从今天起好好记下所有支出，这样你才知道要如何存一只“金母鸡”；还没学会理财，就别想着投资，先把自己的账务理清，有了充足的准备后，再来考虑投资的事。

人生的路有很多种，我们选择了一种比较与众不同的人生道路，希望这个故事能鼓励你趁年轻时提前设定目标，计划人生。

**➔布拉格**

年轻时曾试着阅读《生命中不能承受之轻》这本书，往往看不到一半就放下了，这次来到布拉格，配着创作背景读起来很有感触，生命中什么是轻？什么是重？

DALÍ MUCHA WARHOL
exhibition

2016年7月／捷克．布拉格

## 欧洲“西门町”

还没来之前，我就一直期待能亲眼见到布拉格著名的红屋顶，来了之后，除了红屋顶，只有跟西门町一样的观光人潮。住了3天，就像住在人造游乐园里一样不真实，吃的、喝的、玩的、看的，全是为了吸引观光客而打造。有没有人跟我一样，明明自己就是观光客，却受不了满是观光客的地方？

# 第2章

# 10年后财务自由

为了在别人眼中"看起来"过得很好，
人们常花钱买许多不需要的东西。
我们舍去了很多人眼中"不可能"不拥有的东西，
也因此达成多数人觉得"不可能"实现的目标。

2–1

# 需要的退休金，没你想象那么多

你觉得 40 岁退休需要存多少钱？很多人算出来的数字高得吓人。老 J 仔细研究后，找到了一个计算退休金的法则，所需金额马上少了一半。

既然想退休，最重要的是，要有足够的退休金，我自己算了算退休需要存多少钱：假设 40 岁退休，活到 90 岁，每个月如果要过着不错的生活，大约每月需要 2 万元，1 年 24 万元，50 年就是 1 200 万元。

再问了问身边的朋友，觉得 40 岁退休，需要存多少钱？大家拿起计算器按了按，房贷、车贷、孩子教育费、父母赡养费、医疗费、每年出国一两次的旅游费……还要考虑日后通货膨胀，“1 800 万、2 000 万、1 个亿！”每个人算出来的数字，都高得吓人。

再想想自己手上现有的资产，以及每年赚到的利息，大家叹了一口气，都说不可能在 10 年内提前退休，连想在 65 岁退休都很难，还是继续上班过日子，别做梦了！

还好，我跟老 J 最爱做的事，就是挑战不可能，退休金太高是吗？那我们就想办法来减少它！

我家这个具有偏执性格的工程师，一旦想了解某件事，就会刨根问底地研究一番，为此老 J 花了很多时间，仔细研究了许多退休相关的文章和网站后，最终找到了一个计算退休金的法则：4% 法则。

4% 法则来自美国麻省理工学院（Massachusetts Institute of Technology，MIT）学者威廉·班根（William Bengen）在 1994 年提出的理论，他分析了长达 75 年的股市及退休案例，认为只要退休第 1 年，从退休金的本金中提取不超过 4.2% 的金额，之后每年即使通货膨胀率微调，退休金到死也都还花不完。

另一个类似的理论是，美国三一大学（Trinity University）3 位教授提出的退休金“安全提款率”。他们也认为，假设每年用退休金的 4% 支付退休生活所需，再根据通货膨胀调整每年提款金额，如果本金可以支撑30年，那这份退休投资组合，有极大可能可以维持到永久，这个推论是根据美国过去200年的实际历史资料计算出来的。

简单来说，把预计退休后每年的花费乘以25倍（除以4%=乘以25），就是我们需要准备的退休金总额。

回到前面所说的，假设每年要花费24万元，用这个方式计算，需要的退休金马上从1 200万元变成600万元，立马少了一半，但是这么高的金额，乍看之下，还是很难在10年内达成。不过，我们至少有了明确的努力目标：10年及资产至少600万元。接下来要做的就是，想办法多存钱，早日达成目标，于是我们就开始了省钱人生。

---

你也来算算看！

退休后每月预计支出 ×12个月 ×25 =你的退休金

**托斯卡纳**

在佛罗伦萨时，我们正巧赶上了当地的时装周，到处是穿着时尚的型男美女。为了这些身外之物，大家不断地辛苦工作，奉献生命得到的薪水，值得吗？

2–2

# 省钱人生前奏曲：记账人生

没有记账前，我觉得自己完全是主妇界的楷模，看完账本，才惊觉有很多不必要的支出！念书时我恨死记账了，没想到现在居然能把这件事变成乐趣。

想要存钱之前，我们先问问自己：“1个月花了多少钱？”“钱都花到哪里去了？”“花得值得吗？”

印象中，我们一直过着很朴实的生活，也有稳定的投资，每个月至少存下一半以上的收入。但为了更早实现财务自由，我和老J在多年前的某一天，下定决心要开始详细记录我们每天的花费。

“昨天晚上那瓶养乐多和零食多少钱？”

“你还记得我们前两天买的 ×× 多少钱吗？”

一开始记账的时候，我常会想等一下回家再记，但往往一等就忘了。为了不再折磨彼此的脑细胞，我们习惯每花一笔钱，不论多少，都立刻写下来，就算只是1瓶养乐多，也会马上掏出手机记录，免得回家后忘了。

我们试了很多不同的手机应用程序，有些手机应用程序可以直接给发票拍照，然后金额就会自动输入手机，但是我们最后发现，还是一笔一笔输入自己设计的Excel表格更方便。

如果只是单纯记录花费，对存钱其实帮助不大，记账最重要的是，到了月底可以看着表格上的分类，分析这个月的各项开支，衣食住行娱各花了多少钱，有多少收入和存款。

“什么？我这个月居然花了那么多钱买饮料！”

刚开始做月底支出分析时，我的心里总是会有种做贼心虚般的莫名紧张，怕面对自己，也害怕让老J知道，原来我也是

**🡅 佛罗伦萨**

在欧洲随便一个地方拍照，都很容易感受到浪漫的气氛，比如老桥、街灯、清风……仿佛走进徐志摩笔下浪漫的翡冷翠。

个奢侈的女人。

没有记账前，本来觉得自己很勤俭持家，从不乱花钱，完全是主妇界的楷模。但月底看完账本才惊觉，怎么有那么多不必要的支出！常常都有想做假账的冲动，不想面对自己原来还是常常会乱买零食和饮料的实情，有时候甚至不记得自己为什么要买那些根本不需要的东西。

每次检讨完，我都会再度燃起剁手指的决心，发誓下个月一定要更节约……这几年的账本，就是我们实现环游世界梦想的起点，每次看到上面的支出数字越来越小，存款及收入的数字越来越大，就觉得离梦想越来越近。

10 年下来，我们的账本记录了这些年的吃喝玩乐，记着、记着……已经变成了生活的一部分，只要花钱，完全不经思考就写下来。有了账本，我们也可以根据平常的消费习惯，用 4% 法则来计算实现财务自由所需的资金。

当年我念专科时，主修的就是会计和统计，那时我真的是恨死记账了，发誓这辈子都不做与会计相关的工作。没想到十几年后，我居然能把这件事当成乐趣，因为看着它，就像看着我们过去 10 年来为梦想努力的人生。

你也开始记账了吗？恭喜你，一只脚踏在实现财务自由的起点了，接下来就是要努力坚持下去，一点一滴地规划未来的财务自由梦想。

2016年6月／意大利．托斯卡尼

## 最无价的美好

今天骑着单车，载着饼干（我儿子的小名）在河岸旁看着日落，周围许多人都带着幸福的微笑看着这美景。一个简单美丽的日落，就可以带给这么多人幸福的感觉。最珍贵的东西，往往都是免费的，花再多钱也买不到。

## 2–3

# 努力掐大腿，减少冲动购物

我站在柜台前，毫无理由地要求退货，柜台小姐嫌弃的眼神，我到现在都还记得。一拿到薪水，我立刻把存款锁在家里最隐蔽的保险柜里，没钱买，只能乖乖回家。

我跟很多人一样，一进入社会开始赚钱以后，雄心勃勃地发誓要好好存钱，想要有一天变成事业成功又多金的女强人。

每次领到薪水，我会想着这个月也要认真省吃俭用，不乱买东西，到了月底才有多余的钱可以存下来；等到下次领薪水时，就把上个月剩下来的钱转到其他账户当成存款。但是常常到了月底才发现，无论自己怎么努力，剩下来可以存的钱还是很少。

后来慢慢阅读了很多理财书籍和文章，才发现自己省吃俭用的存钱法，其实是最没有效率的方法；加上当时在公司做的是业务相关工作，常常要设定目标、编制预算，并且定期检查目标达成率。因此，我也对自己的存款方式做了调整，开始设定目标、规划预算，然后做了一个表格来检查目标达成率。

但是如果目标定得太难达成，那就没有意义了。

所以，记账很重要，可以把过去的花费当成参考资料，用来设计对未来 1 年、2 年、5 年，甚至 10 年的规划。参照账本上的收入支出，把现有的花费按衣、食、住、行、娱的比例算出来，再定下想达成的存款目标。

假设自己要存下 30% 的收入，其他 70% 就按比例分配到衣、食、住、行、娱上，一领到薪水，就先把预计要存下的金额转到专门的存款账户，不再动用。

除了房租、上网费、交通费……这些固定支出，其他流动支出就根据当初制定好的预算来支配，如果不小心花太多钱在食物上，就没钱买衣服或看电影了。总之再怎么痛苦，都不能超过预算去动用存款，没钱吃饭就啃馒头、吃泡面，预算是自己制定的，怨不了别人。

存钱的最大敌人就是“冲动购物”，但只要一拿到薪水，我立刻把存款锁在无法轻易碰触到、最隐蔽的保险柜里；再加上严格执行消费预算，在街上不管看到多喜欢的东西，没钱买可以摸几下，然后放下，回家去。

这样坚持半年的结果，比我一开始工作时，月底有余钱才存的方法，多存了好多钱。年底看着自己账户里突然暴增的存款，真的很有成就感（虽然那些钱在现在看来真的不值得一提，但对于刚进入社会的我来说，已经觉得自己是小富婆了）。

自从跟老J开始展开圆梦计划后，我们想初期的目标就是要想办法存下至少一半的薪水，等习惯存一半以后，再想办法慢慢调高存款目标，终极目标是要存下70%以上的收入。当时为了梦想，我们很冲动地把平常习惯的花费预算删减了一大半。

“这些衣服请帮我退掉。”

“请问它们有什么问题吗？”

“没有，因为我没有钱买菜了。”

有一天我站在柜台前，很不好意思地提出了人生第一次买了东西后毫无理由的退货请求，那位柜台小姐很嫌弃的眼神，我到现在都还记得。

趁着冬季特卖，我买了几件打折的新衣服。（因为它们打3折！这叫我怎么能抵挡呢?!）那时候的我们，才刚开始严格制定预算，买完衣服开心地回家以后，才想起来我根本没有买新衣服的预算。刚开启圆梦计划的我，正是一腔热血的时候，马上又跑回店里把衣服退了，以退货明志，展现我壮士断腕的精神。

之后慢慢习惯了每次想买东西，都会看一下这个月的花费有没有超支，严格照着计划执行。去超市买东西前一定会列出采购清单，不在单子上的东西绝对不买，在街上闲逛时，也不断掐大腿提醒自己要执行预算，千万不能冲动购物！

2016年2月／泰国．丽贝岛（Koh Lipe）

## 东南亚的马尔代夫

这次泰国之旅，最值得的就是最后几天，让我们发现了这个美丽的小岛，在海边待了快30天，本来以为自己对海滩已经心如止水，但那里有比面粉还细的白沙、浅蓝到夸张的海水，让老J的心又活起来了，再度在沙滩上举起婴儿奔跑。

2-4

# 把学生公寓当豪宅住，减少主要开支

花钱买或租大房子，还要多花钱添购家具来填满空间。对我来说，小空间反而打扫很轻松；夫妻吵架后，两个人只能在客厅大眼瞪小眼，瞪着瞪着……就开始说话了。

当花费已经按照预算在执行后，我跟老J又开始了一连串的新节约运动。

一般家庭的主要开支就是房租（房贷）、伙食和交通费。如果想多存点钱提前退休，最快的方法就是把这三大项支出想办法减少到最低。

“你觉得搬到这里怎么样？”在前往中国城买奶茶的路上（当时我已经和老J回美国，住在西雅图了），老J指着一栋老旧公寓的大门。

到美国旅游过的朋友应该知道，大多数城市的中国城很脏乱，西雅图也不例外。中国城附近很多餐厅所在的巷子里堆满了纸箱和垃圾，到了晚上更是流浪汉和醉汉聚集的地方，但是唯有一家大门窗户上贴着的“400美元/月”出租广告，闪闪发亮地吸引了我们的目光。

在西雅图每个月400美元的房子有多便宜，你们知道吗？我们原本住的公寓只有一室一厅，跟身边其他朋友、同事的大房子比起来，简直小得可怜，整间公寓大小几乎是别人家客厅的大小，但月租居然要1 300美元。

所以当看到“400美元/月”的时候，我们感觉简直像天上掉下来一块免费的巧克力，不吃可惜。我们租约也正好到期，看了房间里设备齐全，只是比原来房间更小一些（大概变成别人家厨房大小），马上签约搬了进去。

因为地方小，每次做饭时，只要菜一倒进锅，油烟就充满了整个屋子，“哔——哔——哔——”天花板上尖锐刺耳的警报声，开始疯狂响彻整个房间。到最后，每次做饭都得把大门打开，不然整个房间都会充满油烟。这栋大楼里，大部分住的都是华人，对门的老王和隔壁的老张，都穿着背心、短裤，开着门炒菜。常常到了晚饭时间，整栋楼此起彼伏地演奏起烟雾警报器的交响乐。

虽然便宜，但住得实在不太舒服，再加上那个地区晚上实在不太安全，我们最后只住了 3 个月就搬走了。之后搬进大学城区内房租约 900 美元的学生公寓，因为住过 3 个月的“好窄”，简单的学生公寓顿时变成“豪宅”。

只是因为这样小小的改变，走出习惯的舒适圈，房租就节省了三成。

一般人梦想中的房子至少要有三室两厅，有钱就住豪宅，买栋别墅，反正房子是越大越气派、越大越好、越大越舒适。但住过“好窄”房的我们发现，其实两个人需要的空间根本不多，房子大部分的空间都是闲置不用。花了那么多额外的钱买或租大房子后，会为了填满那些空间，而添购家具，因此又要多花钱买维持那个空间温度的空调，还要花许多力气打扫灰尘。

所以对我们来说，小空间反而更好。经济实惠，打扫轻松，又能促进夫妻感情，因为吵架也没地方躲起来生闷气，两个人只能在客厅大眼瞪小眼，瞪着瞪着……就会忍不住开始说话了。

2–5

# 先别急着说不可能

这一路上，我们不断挑战自己的省钱极限，有时候连自己都怀疑：真的做得到吗？每当我们有看似疯狂的省钱想法时，彼此都会打气，试试看再说。

“你们没有车？”每次跟新朋友见面，大家听到我们在美国没有开车，都觉得太不可思议了。

一般美国的中产阶级，会住在有庭院的房子里，一家至少有两辆房车，甚至再加一辆小货车，是很平常的事。为了节省交通费，我们在据说“没车就等于没脚”的美国，靠着自行车和公交车生活了 3 年，省下的买车的钱、油钱、停车费、维修费，都变成了我们退休账户里用来生利息的资产。

因为每天骑自行车和走路，连健身房的费用也省了下来。另外还节省了堵车的时间和堵在路上的烦闷。搭公交车时还可以看书听音乐，所以身心变得更健康，因此连看医生的钱也省了。

这一路上，我们不断挑战自己的省钱极限，如果真的不太喜欢新的生活方式，就再做调整。有时候不用别人质疑，连我们自己都会怀疑：真的做得到吗？

每当我们有看似疯狂的省钱想法，彼此都会打气，先去试试看再说。

为了节省伙食费，我变身都市小农妇，在公寓旁边向市政府租了一块大约一个停车位大小的地方，每年租金只要 50 美元，就可以种出免费且健康美味的有机蔬菜。这样我们既减少了外出吃饭的次数，省了钱，又吃得更健康，还让自己的厨艺，从原本连煎个荷包蛋都会破掉，到现在可以做出一大桌菜来招待客人。

很多人问我们：“天呀，为了省钱，要骑自行车上班不是很可怜吗？”但我们的想法是：“骑车运动很舒服，又不会堵车。”而且只因为一点小改变，就可以离退休目标越来越近，简直越骑越开心、越骑越快。

这些省钱的方法，在执行的时候，我们并不觉得是牺牲；在过程中，我们得到的反而更多，常常动动脑就发挥出创意，制定一些新的节约目标，当通过努力达成目标后，感觉这是一件很有成就感的事。

在这个过程中可能会被别人当成疯子，但我们很开心地做快乐的疯子。一路走来，我们也体会到，世界这么大，即使买了车子，它真的能带我们去更远的地方吗？还是把我们困在办公室里还车贷。

辛苦买了房子成了家，在家中添满能让生活品质提升的东西，但一生最宝贵的20~30年里，为了还高额房贷，人们大部分时间都在辛苦工作，于是这个房子缺少了成为“家”的最主要的原因——跟家人共同相处在这里面的时光。

为了梦想，我们舍去了很多人眼中“不可能”不拥有的东西，但也实现了很多人觉得“不可能”的目标。

2012年12月／墨西哥．迪奥狄华肯（Teotihuacán）

## 墨西哥亡灵大道

迪奥狄华肯占地83平方公里，全区由一条亡灵大道（Avenue of the Dead）贯穿。走在这高高低低的石子路上，想着2000多年前的人们也跟我走在相同的路上，向远方小小的金字塔迈进……曾经这么繁华的古文明怎么会突然间消失得无影无踪呢？会不会2000年以后，后代人们走在繁华的街道上，也问起这个问题？

2–6

# 省钱大作战的人体试验

在这人世间，我最爱的除了吃，还是吃。为了既省钱又享受美食，我们做了不少奇怪的“人体试验”。每试验一次，就会发现，其实享受美食不一定要花大钱。

为了省钱，我们做了不少“人体试验”。在这人世间，我最爱的除了吃，还是吃。要我省什么都行，但如果要我为了省钱而放弃美食，那我宁愿多工作100年！为了节省餐费，我跟老J吵了无数次架，但在吵架过程中，我们也同时进行了很多试验，看能不能既省钱又享受美食。接下来就让大家看看，我们做了哪些奇怪的人体试验。

◆自己种菜

西雅图的有机蔬菜超级贵，一把蔬菜可能就要20元人民币。为了吃得健康又便宜，我们在公寓附近租了一块政府规划的都市小农地，大约一个停车位的大小，洒了种子以后，就几乎有不用花钱的有机蔬菜可以吃了。

◆自己养猪

种菜成功以后，我们开始做起了农夫梦，还想自己养鸡、养猪。但没经验的我们怎么养得活呢？我们跑去有机牧场当了三天的实习生，捡鸡蛋、喂猪、喂牛……每天7点就起床，工作到下午5点才能休息。辛苦了三天以后，我们决定，猪还是别人养，我们负责吃就好。

◆跟邻居买鸡蛋

社区附近正好有邻居养了母鸡，我们就用菜园里的菜和对方交换有机鸡蛋，过一过古代人以物易物的生活。

◆投资有机小农场

在西雅图近郊有个自给自足的有机小农场，每季开始种作物前，会先集资买一些需要的原料，愿意出资的人，在收成时，就可以收到当季最新鲜的农作物，直接用成本价买到健康食物。

◆煮豆子（大锅菜）汤

豆子、肉丸、胡萝卜、卷心菜、洋葱，加上调味料煮成的豆子汤，一次煮一大锅，营养又美味，煮一锅可以吃一个星期，我们连续吃了一个月的各种大锅菜汤当午餐，意大利式吃腻了，就加泡菜变成韩式。

◆ 6元早餐计划

三餐当中，最容易在家里做，也最便宜的就是早餐了。我规划了30天6元早餐计划，除了煮熟的食物，还有现榨果汁和饮料，美味营养又便宜。

其实我们的人体试验还不只这些，每试验一次，就发现其实享受美食不一定要花大钱，只要用心，就能自己做出营养可口又划算的美食。再加上音乐、点上蜡烛，不用去餐厅，也可以享受浪漫的烛光晚餐。

**➔圣米格尔**（San Miguel de Allende）

如果不告诉你们这是墨西哥，很多人会以为这是某个欧洲小城。这里是我们环游世界的第一站，因为太喜欢这里，住了快6个月，差点在这里定居。

ALLENDE

Winnie 散漫游

2013年1月／墨西哥．圣米格尔

## 艺术之城

在18世纪西班牙殖民时期，圣米格尔比当时的纽约、波士顿都繁华；在19世纪，这里是带领墨西哥独立的伟人诞生地，也是第一个宣布独立的城市。这个建于16世纪的小城常被票选为全球最适合退休的城市之一。

## 2–7

# 转个念就能省钱，区分必要和想要

多数人为了在别人眼中“看起来”过得很好，花钱买最新的手机、包包……这些不久后可能就变成垃圾的东西。开始节约生活后，我发现少了这些，对生活其实没什么影响。

“你们是中彩票了吗？还是你们继承了谁的遗产？怎么一年到头都在玩？”“钱快花光了吧？什么时候回来工作？”“都 30 多岁了，还不快买房子，每天想着玩。”“你们不怕坐吃山空吗？”

以上种种来自家人及亲朋好友们的关心，会不时出现。

“是因为你们的收入高吧，我的薪水满足生活开销都不够用了，怎么还有办法存钱？”通常人们在面对问题时，第一个想法就是否认及逃避它的存在。你可能觉得，薪水都花在了“必要”的地方，明明没花什么钱，但到月底1毛钱都不剩，连跟朋友出去吃饭的钱都没有，哪还有多余的钱可以存。

但是你真的知道，自己辛苦赚来的每一分钱都跑到哪里去了吗？

减少三大主要支出（食、住、行）这些大钱后，通过记账，再把看似不多的其他小支出汇总，仔细评估是否有必要，能否把这些零碎的小支出都转化成存款，成为我们未来的退休金。

每个100万元，都是由一张张100元钞票慢慢存起来的，这些看似不重要的小钱，累积起来，就是我们在10年后可以悠闲生活的一个主要原因。

“但是我买的东西，真的都是有需要的！”大部分人在商场血拼的时候，脑海里一定都是这么想的，不需要的东西我为什么要买回家？今年换季的冬装我还没买，“需要”买两件新衣服，总不能每天穿一样的衣服去上班；上班前，我“需要”喝杯咖啡，不然没办法专心工作；我的手机旧了，“需要”换部新款的……

以前的我也常常觉得，自己需要好多东西，开始节约生活后，我发现，少了那些“需要”的东西，其实对我们的生活没什么影响。

一开始记账时，我心里总带着罪恶感，因为不想知道自己到底乱花了多少钱，更不想让另一半知道。但这个步骤真的可以帮助认清自己，是否能有节省的空间，当非必要支出减少时，存款就可以慢慢增加。

在人人都有手机的年代，我跟老J共用一部手机、一台电脑，家里也没有电视。多余的时间我们就去图书馆借书，去公园散步，去郊区爬山。随着每一次搬家，我们把身边的东西慢慢减少，最后出发去环游世界时，只剩两个背包。

很多一般人眼中“必要”的东西，我们并不需要。举个简单的例子，以举办婚礼来说，一般人花钱买婚戒、拍婚纱照、订喜饼、印喜帖、出聘礼……办个浪漫婚礼，再加上人生难得的蜜月旅行，出国后忍不住还要买些纪念品。不少新人结完婚，不但没有更美好的财务未来，还要负债。

我跟老J选择公证结婚，不买婚戒、不拍婚纱照、不办喜酒，蜜月旅行是10天的爬山旅行，绕着美国西雅图附近的雷尼尔山（Rainier Mount）走一圈，一共花了不到一百来块。

我们两个人的衣服加上所有家当不过两个背包，牛仔裤破了就拿去补好再穿，鞋子也不过每人两双（步鞋及拖鞋），能DIY（自己动手做）的东西就尽量自己做，做面包、种菜、做饭、做香皂……就算我们的收入增加10倍，还是维持着这样的生活模式，因为我们已认清，让生活快乐，真正“需要”的东西并不多。

常看到年轻朋友们拿着最新款的手机，用着最潮的3C产品（电脑、手机、相机的统称），是不是大家已经习惯把奢侈品当成必需品？如果什么都想要，当然不可能提前退休，除非中了彩票。

大家可以试着在记账后，月底把账本打开，把你觉得“必要”的支出用绿色荧光笔标注出来，再把你因为“想要”而动手买下的东西用红色标注出来。放上一天后，隔天再重新检查一次，试着客观地评价，有多少支出其实是不必要的（也可以请朋友或家人帮你）。

请打开自己的衣橱，看看里头有多少衣服、包包，再看看鞋柜里有几双鞋子，手上拿的手机是哪一款，话费付了多少，这个月买了几杯星巴克咖啡，跟朋友聚餐几次，唱了几次KTV，周年店庆抢破头买的护肤品……真的都是“必要”的吗？

要提醒的是，当必要支出（衣、食、住、行）占收入比例过高时，也应该思考，是否住得太贵、经常外出就餐，或者是该更换交通工具。

老J和我的同事们，不乏收入比我们高出许多的人，大多都还在为自己所选择的生活模式而辛勤工作着，一切都看自己对人生做出什么样的选择。再次强调，收入高低不代表存款高低，想提前实现财务自由，生活模式就必须做出相应的改变。

常常我们为了在别人眼中“看起来”过得很好，花掉未来生活的钱，甚至透支信用卡，买超出负担却根本不需要的东西，用半个月的薪水买包包、平板电脑，1个月的薪水换来一个星期的度假，2年的薪水买车，20年的薪水买房子……买下新东西的快感不过几天而已，却要因此被牢牢困在工作中40年。

更糟的是，这些因为一时冲动所买的东西，几个月、几年后，都可能变成垃圾场的废品。

所以我们两个人共用一部破手机，穿着二手衣服，老J的牛仔裤破了就再补起来，过着减少物欲、习惯于简单知足的生活，也算是环保。

2-8

# 拒绝
# 先享受后付款

使用信用卡消费，不需要有足够的存款，就能先享受更舒适的生活，却也同时消费了未来的人生。舍去不需要的身外之物，换取 30 年的自由，非常值得!

“我想买新的手机，我的旧手机已经用了快两年，该换了。”某一天，我妈嚷嚷着要换手机。

“但你的手机又没坏，你最常用的功能只是拍照、发短信，还有打电话，没必要花那么多钱换手机吧？”

“别担心，一点都不贵，签约后手机也就 2 000 多块钱，很便宜！”

“那每个月的套餐费呢？”我又接着问。

“每个月只要付 400 元，还可以无线上网。”

“要签约多久？”

“30 个月，到时候差不多也要换新手机了。”

“30 个月乘以 400 元，再加上 2 000 元手机费，总共就是 14 000 元，如果再算上快 3 年的利息，或是拿这笔钱去投资，10 年后这笔钱就会变成这么多喔！”我认真地算给她看，试图说服她不要花那么多钱，买根本不需要的奢侈品。

“嗯嗯嗯，你讲的有道理。”但是一个星期后，我还是看到我妈手上拿着最新款的手机，在那里开心地滑着屏幕。

一个 60 岁、没有收入也没有存款，老是喊着没钱的老太太，都可以毫不犹豫，觉得新款手机是负担得起的必需品，更何况是有固定收入的人，他们更会觉得，只要有工作，很多想要的东西，都可以先享受后付款。车贷、房贷、信用卡消费，让我们不需要有足够的存款，就能先享受到更舒适的生活，但在我们买下这些东西时，也同时消费了自己未来的人生。

在养成良好消费习惯之前，千万别随便使用信用卡，虽然信用卡用得好，可以让你累积到很多消费积分和优惠，但大部分人，并没有认真去研究这些优惠，只是图方便而已，导致先享受后付款的结果，是可能欠下不少卡债。

以一般人的标准，我和老J的收入应该可以“负担得起”很多东西，但我们知道，其实我们不需要，也不想要。我们最想要的东西就是“自由的人生”，那对我和老J来说才是最有价值的东西，舍去那些不需要的身外之物，换取30年的自由，非常值得。

靠着省钱，我们把退休金账户慢慢养大，但要能永久地让我们提前退休且无烦恼，就要靠着退休金的好伙伴——投资的复利了。

2013年4月／墨西哥．埃斯孔迪多港（Puerto Escondido）

## 诞生

在墨西哥，我们参观了小型海龟保育中心，志愿者们在沙滩上巡逻，把孵出来的海龟集中放在水槽里，每天等日落海鸟无法攻击时再将它们放回海中。一大群刚出生的海龟宝宝拼命摆动四肢，当把它们放在我们手中，我们的心也跟着柔软了起来。一路护送它们回到海里，祈祷它们能在艰辛的环境里好好活下去，也期许自己要更爱护地球。

Winnie
散漫游

# 第3章

# 凡事
# 只有开头难

很多人跟我一样从小到大都没学过如何理财，
听别人说投资才能致富，
于是我开始不断尝试，从错误中学习。
其实最容易，也一定能成功的方法，
就是“存钱”！

3-1

# 存钱
# 怎么那么难！

如果在养成花钱不眨眼的习惯之前，能够维持学生时代的开销，我可以更快完成梦想。想想你现在花的每一笔小钱，为了一时的快乐，付出日后的宝贵时光是否值得。

你还记得第一次拿到零用钱是什么时候吗？我一辈子都不会忘记。那年，我小学三年级，父母刚离婚，只能先把我安置在福利院。院内的老师们为了让小朋友暑假有事做，就让我们帮忙做家庭手工：贴邮政信封上的名条，100 个信封可以换 1 块钱（是的，你没看错，100 个换 1 块钱）。

在贴了无数个信封后，开学前我终于拿到了第一份薪水——一张 50 元钞票，加上几块硬币。

我简直兴奋得要疯了，整个晚上都在心里盘算着，明天去学校门口的小卖铺可以买些什么，平常看到其他同学吃着金黄色的芒果干和鱿鱼条，都只能流口水、干瞪眼，幻想它们尝起来到底是什么味道。明天！终于换我尝一下人间美味。

隔天一早，我用钞票包着零钱，折成一个小小的方块，紧紧地握在手中，冲到学校门口的小卖铺。看着眼前一个个玻璃罐子里的美食，正在难以决定要从哪个下手时，突然惊觉手中空空的。我的小方块不知道在什么时候，从紧握的小手中掉了，于是我慌张地四处寻找，在上学的路上来来回回走了十多遍还是找不到。最后气得眼睛都哭肿了。

很难想象，50 元曾经在我的人生中那么有分量，现在的我眼睛不眨、心都不会痛一下，钱不知不觉就花掉了。我忘了什么时候花了人生的第一个 500 元、5 000 元或 5 万元，但这 50 元却可以让我记一辈子。

工作后第一次拿到薪水，金额是 7 000 元，我觉得，天呀！我好有钱！但是随着年龄增长，赚得越多，钱似乎变得越来越少、越来越不值钱，一下子就花掉了。

如果大学毕业后，在养成花钱不眨眼的习惯之前，没有车贷、房贷，不需要赡养年迈的父母，也不用抚养小孩……能试着维持跟学生时代差不多的生活花费，不随着薪水的增长而增加支出，第一年就可能存下 70% 以上的收入。

当薪水增长时，如果我能够维持以往的消费习惯，珍惜手中那 50 元钱，存款比例甚至有可能增加到 80%、90%；再加上谨慎的投资，甚至可能只要 5 年就可以实现财务自由。所以，一切都看自己愿意为未来付出多少，我辛苦了不到 10 年，却可以自由一辈子，之后多赚的钱，都能随心所欲运用。

想想你现在花的每一笔小钱，再换算一下自己每小时的薪水，再想想这些小钱加起来投资 10 年后可能一点也不小……是否值得为了一时的快乐，付出未来的宝贵时光。

很多人可能跟我一样，从小到大没有学过如何管理财务，学校没教、父母也不会。但进入社会后马上要管理自己的钱财，只听说投资理财能致富，于是开始不断尝试、不断从错误中学习。这些年来，我跟老 J 发现，其实最容易，也一定能成功的方式就是“存钱”，努力存下绝大部分的收入。回想当年第一次拿到零用钱的自己，好好珍惜手中的每一个 50 元，很快

**➔葡萄牙**

坐了老远的车，好不容易到了欧洲最西边的天涯海角——罗卡角（Cape Roca），这张照片还登上美国《时人》杂志，网友却说看起来像是在台湾花东海边拍的。

你也能跟我们一样实现财务自由。

花个 5 分钟，把计算器拿出来，算算看当年大学毕业后，如果连续 5 年每个月努力存下收入的 60%，到了 27 岁那年会有多少钱？再把它乘上 1.276（假设复利 5%，5 年后的财富倍数），结果可能会让你吓一大跳……如果不够可怕，就算算 10 年（32 岁那年）的 60% 存款，再乘上 1.629 倍，然后对照自己现在的银行存款，应该就会提醒自己要多存钱了！

---

你也算算看！

□ 每月薪水 ×60%×12 个月 ×5 年 ×1.276 = ______

□ 每月薪水 ×60%×12 个月 ×10 年 ×1.629 = ______

□ 现在的银行存款= ______

□+□−□= 钱跑到哪里去了？

**葡萄牙**

里斯本是我们欧洲行的第一个城市，热情友善的居民、物美价廉的商品，还有满街的美食、吃不完的葡式蛋挞。每天一睁开眼，我就觉得自己太幸福啦！

AMERICANO
HAIR CO
PENSÃO
Pensão
RESIDENCIAL
BONS QUARTOS
2º ANDAR

2016年4月／葡萄牙

## 世界这么大

“葡萄牙？没听说有什么好玩的，我们直接去西班牙好了。”来欧洲最想去的国家就是西班牙，会去葡萄牙完全只是顺便而已，没想到却带给我们这么多的惊喜和感动，这人生难得一见的美景让人舍不得离开。旅行就是这样处处充满惊奇，更让我赞叹世界这么大，还有多少个我不知道的美景正等着我们探索。

3-2

# 花钱
# 怎么那么容易！

大家可以试试看，把东西贴上生命标签，或许会更珍惜自己辛苦用生命换来的钱，别把生命浪费在日后会变成废品的东西上。

很难想象，逛街，在很久以前曾是我的娱乐活动！

以前休息时在台北不知道要做什么，我和几个朋友就约着去逛街，而且一逛就是好几个小时。大减价时，看到东西打5折、3折，心中马上大喊：“好~便~宜~呀！”觉得不买可惜，一时冲动就买了很多东西回去。

经过这几年的节约及旅行生活，逛街这件事居然变成了一件苦差事，很多东西就算免费送给我，我也不想带回家，因为现在的我们四海为家，背包里已经完全塞不下新东西了。

之前为了提前退休，努力节约存钱时，我除了在买东西前要认清到底是需要它，还是想要它，还有一个小方法，就是把所有想买的东西贴上“生命标签”。

先把生命量化，用薪资换算出每小时的时薪、每日的价值（税后年薪 ÷1 年工作天数 250 天 ÷24 小时），再把看到的商品换成生命标签（价格 ÷ 时薪，高价商品则除以月薪）。

1 杯星巴克咖啡＝ 1 小时的生命

1 件潮牌衣服＝ 2 天的生命

1 部新的手机＝ 10 天的生命

当脑中看到的不再是大减价标签，而是你的生命标签，这些商品都是用我们宝贵的人生换来的，就会开始思考，这个东西有这个价值吗？别忘了，人生能工作的时间有限（顶多 40~45 年），这些东西真的值得我用生命来换取吗？

大家可以试试看，把东西贴上自己的生命标签，冲动消费的欲望会减少一些，也会更珍惜地看待自己辛苦用生命换来的钱。不要把生命浪费在日后会变成废品的东西上。

3–3

# 价值观相近的另一半

遇上省钱一哥老 J 后，我的节约精神被点燃了。大家常说“贫贱夫妻百事哀”，但我觉得应该是：“价值观差异大的夫妻”，才是百事哀。

其实我也不是一开始就这么节省，但遇上另一半是省钱一哥后，我的节约精神就被点燃了。

十几年前，我们一起去北京参加一个会议，正好有共同朋友介绍我们认识。“等下你有空吗？”开完会后老 J 很腼腆地靠近我，我还来不及心跳加速，他就接着说，“可以麻烦你带我去买一件毛衣吗？我不会说中文，怕被骗钱买贵了。”

哎哟……这个男人怎么这么实在！从那时候开始我就知道，他是个精打细算的人。

6年后某一天，“你愿意嫁给我吗？”没有鲜花、钻戒、浪漫晚餐……眼前只有电脑上视频通话里，穿着内裤躺在床上刚睡醒的J先生。

“什么？”掏掏耳朵，我听到了什么？这个场景，实在跟梦想中被求婚的画面也差太多了吧！

“你觉得我们结婚怎么样？”屏幕里的男人，再度破坏美感地挠了挠肚皮，又问了一次。如此有效率且经济实惠的求婚方式，真的只有他做得出来，也应该只有我会点头答应。不只求婚，连婚礼、蜜月我们都是采取最经济实惠的方式。

认识这么多年以来，他真的是数十年如一日，当年买的那件毛衣，他穿了七八年，都起毛球了还是舍不得丢，本来应该是要留作传家之宝的，一直到我们要出发旅行时，因为太厚、太占背包空间，他才依依不舍地把毛衣捐出去。

大家常说“贫贱夫妻百事哀”，但我觉得应该是“价值观差异大的夫妻”才是百事哀。不论收入高低，如果价值观太不相同，就常会为了钱而吵架。我和老J很幸运，能跨越半个地球，在茫茫人海中找到彼此，因为价值观一致才有办法能在那么短的时间内，实现财务自由的目标。

祝福大家也都能找到一个和自己价值观和生活理念相近的人生伴侣。

3–4

# 我们的百万婚礼

省下的婚礼费用，也是我们能悠闲享受人生的原因之一。人的一生会面临各种选择，如果再来一次，我还是认为，一辈子的幸福，比一天的浪漫婚礼更值得。

当年打算结婚时，我们讨论过各种方案。中国结？美国结？两地都结？还是干脆集合家人朋友，来个夏威夷婚礼？当时刚辞掉工作到美国跟老J共同生活时，还很热衷每件事都要详细规划的我，打开网页开始找资料、写预算。

查询的结果是，平均办一场婚礼要花费50万~80万元，有

**←↑ 公证结婚**

做出这个结婚决定花了我们6年时间，但结婚这个程序只花了不到6分钟，把那些形式上的费用，存下来当成未来的梦想基金。虽然只要简单签个名，我们拿笔时居然还会抖，这一刻开始，就得对彼此的人生负责了。

些甚至超过百万元，如果加上蜜月旅行的花费，我一年的薪水就这样全都送给婚庆公司了。闪亮亮的钻戒真的很美丽，但准备长途旅行的我，真的要戴着一颗贵重的石头四处流浪吗？在看了《血钻石》这部电影后，更觉得那么贵的石头，好像不过是钻石商的阴谋。

如果将50万元省下来谨慎投资，假设回报率4%，20年后复利就有100万元。100万元可以做很多事，去很多地方。所以，省钱一哥、一嫂结婚选择极简风，请了两位朋友当见证人，没有婚纱、没有婚戒，简单地在文件上签了名，我就变成了J太太，总共只花了100多美元。

看到20年后复利才有100万元，很多人可能马上翻白眼，等上20年也太久了吧……于是直接放弃。再假设我们结婚那年（2010年），把没花的50万元投资到标普500 ETF指数基金，到2015年时，账面价值就增值了1倍。

5年多存100万元，这就是我们实际在做的事，把结婚的费用省下来，投资未来。这几年来，一路上省下来的点点滴滴，都是我们能提前退休的原因。

浪漫吗？乍看之下好像太过实际了，一点都不浪漫。

但这省下来的婚礼费用，是让我们能悠闲享受人生的原因之一。人的一生中会面临各种选择，如果让我重新选择，一辈子的幸福，绝对比一天的浪漫婚礼更值得。

看着新闻上明星们动辄几百万元的梦幻婚礼、海岛婚礼，那些美丽的婚纱让少女们的眼睛闪闪发亮，编织起属于自己未来的一日公主梦。但是当公主的代价真不小，婚礼费用可能是一般适龄青年一到两年的薪水。

存款不够，还有国外银行推出的结婚贷款，让幸福的新人在度完蜜月回来后，面对的不只有两个人更幸福的人生，还有缩水的银行账户，以及每个月要偿还的贷款。

如果让你选择，你愿意花费 50 万~80 万元来圆一天的公主、王子梦，还是要投资未来，让日后每天都过得像公主、王子一样幸福呢？

2013年8月／美国．内华达州

## 火烧人奇遇

一年一度的火烧人，很难跟没去过的人解释这是什么活动。一群人在荒漠中，用无限的创意打造一座只维持一周的城市，在这个城市里，没有职业贵贱、没有阶级之分、没有男女之别，无论你是谁，大家都会张开双臂无条件地接受你在这里做自己。这是一个超越想象的奇幻之城，一周后一切燃烧殆尽，等待来年浴火重生。

3-5

# 11天0元蜜月旅行

跳到冰河里洗澡、爬山爬到脚起水疱……蜜月旅行回到家后，看到冲水马桶，我都感动得要落泪了。不需要金钱堆砌，多年过后，这段旅程依旧历历在目。

分享完婚礼，再让大家看看我们神奇的免费蜜月旅行——11天10夜湖光山色、美不胜收的秘境冰河之旅。

我跟老J的蜜月旅行花得比婚礼还少，11天10夜花了0元。你没看错，我们的蜜月旅行没花半毛钱。怎么办到的？只要有脚就做得到！

遥想当年，结完婚后的我们，也想来个永生难忘的浪漫蜜月之旅，老J说，自从他搬到西雅图后，就有一个未完成的心愿，希望我陪他一起完成。他用那对很会装可怜的大眼睛眨巴眨巴地望着我，说他的生日愿望是：蜜月去绕雷尼尔山一圈。

刚晋升为人妻的我，是有求必应的许愿池，完全没多想就答应了，等回过神来开始查资料，才惊觉，我的老天啊……我到底答应了什么！

雷尼尔山是西雅图著名地标，高 4 392 米，是美国最高的山，奇境步道（Wonderland Trail）环绕这座休眠火山一圈，全长快 170 公里，途中要经过十几座大大小小的高山，山里布满雪地、森林、湖泊，只有在夏季冰雪融化时，才有办法走完全程。

所以，我们的蜜月期每天至少要走近 20 公里的山路，有时一天还要爬两座山。第一天走完腿已经快废了，但因为被眼前的美景迷住了，虽然很累，还是兴奋地一步接着一步走。我们走在完全未经开发的森林中，看着神奇的景色，四周就只有我们跟大自然，常常一整天见到不超过 5 个人。

11 天所需要的装备跟食物都得自己背着，在打包行李的时候，总是怕少带了什么，于是越带越多，真正开始爬山时，才后悔自己背了那么多不必要的重量。其实真正需要的不过就是干粮、帐篷、睡袋和两件衣服。

洗澡要跳到冰河里洗、爬山爬到脚起水疱……号称非常吃苦耐劳的我都快吃不消，还好四周的美景很抚慰人心，走着走着，忘了第几天，醒来时不再觉得全身酸痛，反而神清气爽、迫不及待想开始爬山，11 天 170 公里 11 座山的路，居然真的就走完了。

看到出口时，我用尽全身最后一点力气开心跳了两下，然后躺在地上休息了半小时。

这个蜜月没有浪漫的玫瑰花床，但有一生难得一见的不知名的高山小野花，眼前的美景不论花多少钱都换不到，真的只能靠自己的双脚走到那里才能看到。

结束了这一生难忘的蜜月回到家后，看到家里的冲水马桶、自来水、温暖的床、干爽的棉被、枕头……都要感动落泪了。多年过后，这段旅程依旧历历在目，不需要金钱堆砌，也能制造一生难忘的回忆。

虽然过程中不总是很美好，途中就算下起雨来，也得咬牙走完，但人生同样也不会总是晴天。

**冰河蜜月**

壮阔的高山冰河就在眼前，常常走上一整天也看不见半个人，遇上的熊和野生动物比遇见的人还多，11天苦行僧般的行走，身体累坏了，心灵却极为满足。

如果我跟老J能再相亲相爱30年，或许等结婚40周年时再携手去走一次，回忆当年（严格来说，我们花了点油钱跟食材的费用，但入山后完全免费）。

2010年8月／美国．西雅图

## 我们的免费蜜月

我们的蜜月11天10夜花了0元，你没看错，没花到半毛钱！靠着双脚，每天走至少20公里的山路，有时一天要爬两座山，但我们见到了许多无人的秘境美景。不需要金钱的堆砌，也能制造一生难忘的回忆。

3-6

# 跟过去不快乐的自己说bye bye

很多人年轻时做过错误的决定，影响一生。老 J 曾经 8 年的青春年华，比遇上诈骗犯还惨，但最终依然能扭转人生。祝福大家也能向过去的不顺利告别，向幸福迈进。

老 J 为什么会那么节约呢？其实他在遇见我之前，有段悲惨的人生故事。

20 多年前，老 J 还只有 18 岁时，住在他出生的美国明尼苏达州的乡下小镇，镇上大部分人都在同一家肉类加工厂上班。他的同学中，很多人高中都没读完，因为觉得反正读不读书出路都差不多。未婚怀孕或 20 岁以前结婚生子，更是稀松平常，大多数人一生也不曾远离家乡。

当时的他，认识了一个比他大 3 岁的女人，她未婚，但有一个两岁大的女儿，他们交往一阵子后，她就一直催着老 J 结婚。想想我们自己 18 岁的时候，根本什么都不懂，青少年的他，就这样半推半就地在 20 岁结了婚，顺便有了一个 4 岁的现成女儿。

他念大学的时候虽然有奖学金，但因为还要养家，必须半工半读，有时候连吃饭的钱都要省下来。最后半学期因课业太重，没办法兼顾太多工作，真的过不下去了，就只能先用信用卡买食物、付油钱。22 岁大学毕业，一进入社会，他身上背的大学贷款和信用卡债，加起来大约 30 万元。所以大学毕业的隔天，他马上从全职学生变成全职上班族，一天也没休息过。

老 J 的前妻在他上班有固定收入后，马上买房子、买车子。当时他的年薪大约 30 万元，上班第一年，上一笔债未还清，又多了 100 多万元的房贷和十几万元的车贷，加上每个月的薪水还要养一家三口，根本入不敷出。

照这样的剧本走下去，他工作到死也没办法退休。金钱观念差距很大的夫妻，婚姻之路当然不可能幸福，3 天一小吵、5 天一大吵，常常为了钱而吵架。不过吵归吵，他们的婚姻还是走到了第 6 年，直到第 7 年……这位前妻出轨被发现，那总算可以离婚了吗？不，哪有那么容易！

她坚决不肯离婚，不愿意放弃自己的长期饭票。为了离婚，他们商量了一个金额，代价是把身上所有的现金和存款都给她，最后留给老J的，是一栋负资产的房子。因为房贷未缴清，而且房价正好大跌，比买进时的价格跌了很多，根本卖不出去。

所以老J在27岁的时候，两手空空，背着一栋负资产的房子，展开了他的新生活……从负开始！

他花了十几年的时间，先把负债还清，房子、车子都卖了，再一点一滴慢慢开始存钱、投资，最后实现财务自由。从看不见未来的黑暗人生，到遇见生命中的天使女神（没错！这是我自己封的，虽然天使在婚后已经变成恶婆娘）。

在那场失败的关系里，老J觉得，最对不起的就是那个无辜的女儿，虽然没有血缘关系，但毕竟共同生活了6年，也有了感情。没想到，十几年没联系，老J居然有一天收到她的电子邮件，说她在网络上看到了我们的故事，找到他的联系方式，想跟他见面。

出于对她的愧疚，还有对过去那段痛苦往事的回忆，老J边回信边忍不住流泪。我鼓励他，有机会回美国时，可以跟她见面。没想到，收到她回的第二封邮件，就是直接开口要钱。

“如果你没跟我妈离婚，我就不会有大学贷款，现在也就不会有负债。所以你应该给我钱，让我还清贷款。”犀利前妻的女儿只看到了我们现在的生活，却没看到以前老J为了走出贫穷和负债所做的努力与付出，也没看到我们为了提前实现财务自由，做出了哪些牺牲。她只看到表面上我们现在日子过得很好，可以环游世界，就觉得人生不公平。

我们的回复就是，当年老J在27岁的时候，比她现在的情况更惨（因为娶了她妈妈）。而她现在才25岁，如果愿意努力，一定也可以有很好的未来。老J也愿意在一旁帮助她，教导她如何才能早日还清贷款，实现财务自由。

这个故事告诉我们，18岁恋爱可以乱谈，但婚千万不能随便结。遇上金钱观差异太大的对象，就算她长得像天仙也不能娶呀！结婚对象除了爱来爱去，一定要好好了解彼此的价值观，以及对未来的人生规划，不然结了婚后每天吵架，仙女也会变成母夜叉。

了解了老J过去的经历，有没有觉得人生处处有希望，就算曾经跌到谷底，仿佛活在人间炼狱，但只要不放弃自己，慢慢走好每一步，总会过得比之前快乐、成功。过去的种种不快乐，都是一种人生历练，只有将它们转化成人生的养分，未来的自己才会更好。

很多人在年轻的时候都做过一些错误的决定，影响了自己的一生。老J曾经8年的青春年华，比遇上诈骗犯还惨，被骗财骗色洗劫一空。如果连18岁就被骗去结婚的笨少年，都能一切归零、重新开始，祝福大家也能向过去的不顺利告别，向人生的幸福迈进。

**古巴**

来到古巴怎么能不体验一下雪茄的滋味，但不会抽烟的我们感到又呛又辣，帮我们卷烟的老伯，大步走到我们面前，示范了抽雪茄最帅的姿势。

2014年1月／古巴

## 理想与现实

为了理想付出生命、独立后的古巴、被美国禁运后仿佛蒙上神秘面纱……把理想变成现实的55年后，古巴只剩下残破的建筑、满街的垃圾堆，以及人民贫穷的生活。抵达古巴不过半天，已经让我们对这里的生活感到无奈，只想快点过完这3周。但看着街上的古巴人民，这里却是他们一辈子的家。

MERCADO AGROPECUARIO
SAN RAFAEL

3–7

# 简单而富足的人生

内心富足的人，才能享受真正的快乐，就算现在天上掉下 1 亿元，我们也不想拥有更多的东西。不过，我现在倒很希望，天上能掉下一个全职保姆！

“你们 10 多年来都要这样斤斤计较地过日子，不会很痛苦吗？”很多人想象我们的日常生活，应该是每餐吃大碗白米饭配酱菜，出门要坐 1 小时公交车，因为没钱所以没有娱乐，也没办法跟朋友出去玩……

这样的生活不用 10 年，1 年我应该就会疯掉！

我来跟大家描述一下我们的日常生活好了。早上我会准备一桌非常丰盛的早餐，炒鸡蛋（邻居后院养鸡，每打 12 颗才 2 美元），再配上热咖啡或现榨果汁，自己做的手工面包（两个人成本不到 3 美元）；午餐就吃前一天晚上准备好的饭菜，每天的晚餐都是浪漫的各国料理。

靠着自己的双手和网络食谱，老 J 可以随意指定要吃中式、法式、意大利式、墨西哥式……我可以在家里做出各种菜品，用自己种的有机蔬菜，或是跟附近有机农场订购的蔬菜，做出一道道美味佳肴，然后点上蜡烛、放上音乐，简直比去餐厅吃饭还健康美味，且轻松自在。

休息日与朋友聚餐，我们会在朋友家的后院自己准备烧烤，在公寓里做百家饭（potluck，大家各自准备一道菜），或是带上野餐垫到华盛顿美丽的湖边野餐，享受湖光美景。

真的想去餐厅喝酒、吃饭，也会有很多打折时段（Happy hour）可以选择，有些餐厅在打折时段的价格，比一般时间便宜一半左右。

划独木舟、爬山、骑自行车、露营……这些户外运动是不需要花大钱就能享受到快乐的心灵放松活动。喜爱水上活动的我们，还会跟朋友一起驾驶帆船（朋友的船常需要有人帮忙操作风帆），去感受乘风破浪的海上经历。

想要什么东西，我们就试着自己动手做，享受手工的乐趣和成就感，自己种菜、自己做手工肥皂、自己做泡菜……不管有钱没钱，这样简单又使心灵感到富足的生活，其实就已经非常足够，就算现在天上掉下1亿元，我们也不会想拥有更多东西（其实我最想要天上掉下来的是一个全职保姆）。

有些人坐拥满屋的物质享受，还是觉得心灵空虚，想要的东西还是很多。只有内心富足，知足惜福的人才能享受真正的快乐。

Winnie 散漫游

2016年5月／西班牙

## 美食之都马德里

眼前的男人夹起盘里最后一块鱼放进嘴里，“拜托你以后不要点这么多菜好吗？”老J扶着吃撑了的肚子，抱怨贤惠的太太想谋财害命撑死他。“你知道你为什么会很饱吗？”我带着挤出来的微笑，掩藏住杀机，温柔地问他。“因为你一个人把两人份的饭菜吃光光了！”（我掐住他的脖子用力摇晃）

第4章

# 收入不高
# 就加倍努力

要想比别人提前 20~30 年退休，
就要有决心在一开始工作时，
付出比别人多好几倍的努力。
只要努力，真的就会有收获。

# 4-1

# 方法很简单，看你愿意付出多少

想比别人提前 20~30 年退休，就要有决心，在一开始工作时，付出比别人多好几倍的努力。我们实行的方法，也不过如此而已。

“吼～我工资很低，月底不负债就要偷笑了，哪有可能存钱？”“琬铃，你们没住在台湾，不知道现在台湾平均薪资很低呀！”……

我知道，我知道！我和老J当年大学刚毕业时，也曾经跟大家一样领很少的薪水，做很多的事，我们的起步并没有比别人好。但10多年后，我们的薪资加分红是当年刚进入社会工作时的3~4倍。

如果增加了3~4倍的收入，生活花费还是能照旧，存款马上就会增加，再加上继续努力节约和投资，存款更会飞速地增长。

如果觉得收入不够高，就去努力提升自我的能力。很少有人能一进入社会就坐领高薪。如果大学毕业生起薪“至少”是5 000元，那就要努力不要当最低的那一个。我相信，每个人只要愿意努力，就一定能获得比平均值更好的收入。付出多少努力，就能得到多少回报，这是很简单的道理。

我跟老J想传达的想法就是这么简单，我们自己实行的方法也不过如此。有人追求及时行乐，我们追求的是，实现财务自由后的延迟满足感。实现财务自由后，并不代表你就要退休，只是赋予你的人生更自由的选择。

人的欲望总是随着收入增加而越来越大，学生时代买自行车；进入社会工作后想买汽车；收入稳定了，就开始考虑买房子……为了证明自己事业成功，就开始换好车、换大房子。当收入增加，大部分人的生活形态也会跟着升级，享受辛苦付出的劳动成果。好不容易拿到的年终奖金和分红，当然要好好犒劳一下自己和家人。

如果在收入增加时，还能维持原来简单的生活态度，把升职得到的加薪，以及额外的收入、分红等用来投资，增加资产，财务自由的距离绝对比你想象中来得近。当实现财务自

由、不用为五斗米折腰时，生活才是真正有品质，你可以开始追求梦想、享受为了兴趣而工作，也可以没有罪恶感或压力，享受任何你能负担的东西。

趁着年轻时努力增加收入、提高存款，用大学毕业后最宝贵的20年来实现财务自由，你也可以在40岁以前就退休。记住，要比别人提前20~30年退休，就要有决心在一开始工作时，付出比别人多好几倍的努力。



**安达卢西亚**

欧洲几乎每个大教堂都有座十几层楼高的高塔，是观赏整个城市的最佳景点。但古老的高塔通常没有电梯，我跟老J背着婴儿，在不同城市爬了无数个高塔，练脚力、背力，还训练小婴儿的胆量。饼干现在可是一点也不怕高呢！

2016年5月 / 西班牙．安达卢西亚

## 绕着地球跑

小时候，我非常喜欢一个综艺节目叫《绕着地球跑》，在那个出国跟上月球一样难的年代，看着主持人介绍世界各地的风土人情，让我好想亲眼去看看那些美景、亲口尝尝电视中介绍的美食……在西班牙南部，我看着眼前的美景，仿佛产生了活在美梦中的错觉。达成梦想的过程不容易，但真的做到了以后，会有种置身于天堂般的快感。

4–2

# 不会就学，努力帮自己加薪

我什么都愿意做、什么都愿意学，努力以获得最终成果！我当年的职业生涯规划是当个女强人，虽然最后是回家相夫教子，但在工作的那10年里，我真的很努力。

“你们一定赚了很多钱，才可以提前退休！”

大部分的朋友看到我们的故事后，第一个想法就是，我们赚了很多、很多、很多、很多钱，但我跟老J大学毕业后第一份工作，跟大家一样，领的都是像职场新人一样很少的起薪。

不过，10多年后，我们两个的最后一份工作，年薪都是大学毕业后第一份薪水的3~4倍。

我大学刚毕业的第一份工作，是在补习班当英语老师，而最后一份工作，是在知名外企当项目经理，这两份工作的落差是不是很大？

当年大学文科毕业的我，只有英语还算个强项，大学期间也曾在补习班兼职教英语，所以一毕业理所当然地找了英语老师的工作。当时补习班英语老师的工作时长短，上班时间从下午4点到9点，每天5个小时，整体下来月薪就有7 000元，不过没有其他奖金和年终奖。

每天在教室里卖力地又唱又跳，还要想办法管理活泼的小孩子们，当年青春有活力的我，也常常上完班一回到家就不自觉地倒床睡着了。一年后，我知道这份工作一直做下去，虽然饿不死，但可能一辈子的发展都差不多，我想要的生活不只是这样，于是开始盘算着，趁年轻去尝试其他工作。

当时的我，听说科技行业很赚钱，很多科技新贵不但有公司股权，年终还会发很多、很多个月的奖金，不少人都年薪百万，贪财的我一心想着一定要进入科技行业。

我仔细分析了自己的优势，好像就只有英语这个优势。科技行业既需要英语水平，又不用专业理工背景的职位，可能就只有涉外业务这个方向了，于是我打开招聘网站的网页，锁定台湾最知名的100家电子企业，开始一封一封地投简历。

“感谢你的来信，你的条件目前不符合本公司需求，日后若有需要会再与你联系。”一封封自动回复的邮件，让我知道，这些大公司不太会用完全没有相关经验的职场新人。

再认真研究了他们对新入职员工的要求：要有2~3年电子业相关经验。于是我修改了我的简历，不要求这份工作的起薪，只希望能进入一家电子相关企业，从零学起。心里明白，其实我什么也不会，如果有人愿意聘用我，根本就是他们吃了大亏。

在面试了很多家公司之后，还真的有公司愿意雇我负责涉外业务。还记得第一天上班时心里那个亢奋的感觉，走进公司大门，简直像走上了人生的康庄大道一样，我怀着无比感恩的心情，兴奋地开始在电子零件加工厂当个想象中的科技新贵。

为什么说是想象中呢？因为当年我这个假科技新贵其实很贫穷，涉外业务的薪水比我当老师时少很多，工作时间却是原来的2倍以上，常常早上8 : 30到公司，晚上8 : 30还不一定能下班。

但是，什么都不会的我，真的很感谢当年的老板愿意给我这个机会。换个想法，他们根本是在花钱教我做事的方法。我什么都愿意做、什么都愿意学，从认识进出口流程，到工厂生产的过程，只要是主管交代的工作，我都觉得他是看得起我。每次拿到新工作或新案子，我都做得很开心、很认真，完全不会觉得工作很累、很烦。

只要努力，真的就会有收获。别人抢着要做的工作我做，别人嫌困难不愿意接的案子，我更要做。慢慢地，我负责的客户越来越重要，看到的世界也越来越大，许多以前觉得很遥远的世界知名大公司，最终也成了我的客户。

从什么都不会的涉外业务助理开始，1 年后我可以去海外开会，在海外客户面前做简报；3 年后，很多家当年简历百投不中的台湾 100 家电子企业，都表示愿意聘用我。

又过了 3 年，我进入了梦寐以求的知名外企工作。

机会是自己争取来的，这中间的每个工作我都保持着很感恩的心——感谢别人愿意给我机会，所以更要紧紧抓牢每一个可以学习和表现的机会。这几年来，本科毕业的学历已经是职场上的“基本配备”，我从 5 岁上幼儿园，到 22 岁大学本科毕业，这 17 年间好像学到了很多，进入社会后才惊觉，自己除了读书什么也不会。

起步的 5 000 元不代表这一辈子都只能领这个薪水，之后的发展全凭个人的本事，以及看自己愿意付出多少。理财需要规划，打工的人生（把提前退休当目标的我，就把职业生涯视为打工人生）同样需要规划，自己未来的事业发展，想要到达哪个高度，就要按部就班地打好基础，一步步朝着梦想的方向前进。

如果你心中有梦想的工作，可以试着主动跟那个行业里的成功人士咨询工作内容，工作需要具备什么样的专业技能、哪些相关工作经验及性格特质有加分作用？只要你是真心诚意地想学习，我相信大部分人都会很乐意为你指点一二。

我当年的职业生涯规划就是要当个成功的女强人，最好能进入知名外企工作，虽然最后还是回家相夫教子，事业无成，但在工作的那 10 年里，我真的很努力朝着这个目标前进。

4-3

# 老J辛苦的职业生涯

为了脱离贫穷，老J努力地在最短时间内争取到加薪机会。大学毕业时，大家的起点都差不多，5年后，为什么有的人能成功，有的人却留在原地踏步？



老J跟我一样，在大学毕业的隔天，因为快要没钱吃饭了，连一天假也没休，马上就开始上班。当年他的第一份工作是在一家手机公司当最基层的电子工程师，每天的工作就是坐在实验室里修改程序（debug）。

为了多赚一些加班费，更为了躲避他可怕的前妻，老J每天晚上都留下来加班，最后一个离开办公室（顺便吃个免费盒饭）。别的同事嫌加班太累，他反而以此为乐。一年下来，他比别人在工作上多花两倍时间，当然他的编程能力也比同届同事进步两倍。

老J当年的主管看到他几乎以办公室为家，误以为他工作很认真（殊不知他只是不想回家）。不过，为了摆脱贫穷，他也真的很努力在最短的时间内，争取到加薪机会。别人解决不了的问题，他会主动争取，为了解决更难的问题，他就必须不断研究，不断提升自己的能力。

随着能力的增加，老板很怕他会嫌薪水少而离职，所以每年他的薪水和职位都会提升。当他的主管被高薪挖到另一家公司时，也一直希望老J要跟着一起去，因为在美国要找到这么任劳任怨的员工，真的不容易呀！但吸引他搬家到另一个州去工作，丢下已经习惯多年的生活，当然要提供很诱人的条件。

于是，换了工作，他的薪水马上暴增了快两倍，加上签约金和签约分红，正好让老J斩断过去7年不快乐的生活，到西雅图重新开始。

身处一个全球有10万员工的大公司，想要有突出的表现、被委以重任，并不是那么容易的事。老J的很多同事只求无过，反正每年领到的薪水也差不多，最好可以钱多拿、事少做，但是他付出比别人多的时间，不断进步，也不断完成新挑战。

10 年后，当年同届毕业的同学可能还在其他公司当小工程师，而老 J 从只会完成老板交代事项的菜鸟工程师，变成资深工程师，到最后自己带领跨国团队，完成业界最新技术的手机开发（当年的第一部智能手机原型，就是出自他的设计），成为公司里举足轻重、无可取代的员工。

大学毕业时，我们跟身边同学、朋友的起跑点都差不多，但 5 年后、10 年后，为什么有的人能成功，有的人却只能留在原地踏步？是因为幸运，还是因为别人有值得我们学习的特质呢？

2013年7月／贝里斯. 考克岛（Caye Caulker Island）

## 加勒比海度假天堂

这里是背包客的度假天堂，我们一下船看到的是无边无际的蓝天、清澈可见底的淡蓝色加勒比海海水，走路不到30分钟就可以横跨这座狭长的小岛，岛上铺满了白色柔软的细沙，像雪花一样美丽。小小的街上有各种餐厅、小酒馆，温暖的海水配上一杯冰啤酒，我们啃着10美元一只的大龙虾，享受海岛的悠闲。

4-4

# 还在上网找工作？快检讨人脉存款！

工作 3~5 年后，如果你还是得通过招聘网站找工作，有必要检讨一下自己的人脉存款是不是太少了。

“喂，你有没有考虑换工作？我们公司有个空缺，我觉得很适合你。”还记得以前公司每个月都会发出当月空缺职位的邮件，请同事帮忙介绍合适的人来上班。

收到邮件后，同事们都会认真研究，看自己身边有没有适合的人，可以带来公司，因为每成功介绍一个人来上班，介绍人都可以拿到一笔不小的奖金（介绍员工的人力中介费，哈哈）。

大家看着空缺职位，就像看到一张一张的钞票，条件越高、越资深的空缺职位，简直就像金矿一样，如果能帮公司成功挖角，就可以一个月不愁吃穿。其实很多大公司都有内部推荐的渠道，比你从招聘网站上傻傻地海投简历，更容易找到工作，至少由内部推荐的邮件会被空缺职位的部门主管看见，不会在第一关就被电脑筛选掉。

不过，要别人愿意帮你介绍工作，就要用你的信用来背书，除了工作能力，很重要的是，你的积极性、工作态度、团队合作能力……是不是都有很好的表现。工作 3~5 年后，如果你找工作的方式还是上招聘网站，那就要检讨一下自己的人脉存款是不是太少了。

工作时，我们接触到的每位同事、主管、客户，甚至供应商，都是未来事业发展的人脉，因此与任何人有工作上的接触，都要表现出自己的专业性，并保持良好的待人接物态度，让日后别人有好的工作机会时，会想到你。

以前我换工作的契机，常常是接到朋友或前同事的电话，想来挖角。积累工作经验，能让我们的薪水随着年纪慢慢增加；人脉的经营，则可能会让我们的薪水快速加倍。当年我能顺利进入知名外企工作，都要感谢以前同事的介绍。

人脉不只在工作上重要，我和老J当年也是因为工作上的客户介绍，才会认识。好的人脉不只可以帮我们找工作，还有可能帮我们找到未来的另一半，你们说，重要不重要？

**➔槟城**

在槟城住了3个星期，认识了很多热心的新朋友，带我们深入当地华人的生活，吃遍当地小吃，浓浓的人情味，跟槟城的阳光一样温暖。

AWA
CIMB preferred

Winnie 散漫游

2016年3月／马来西亚

## 久违的年味

一边看着热闹的舞狮，一边跟老 J 介绍小时候乡下过年的样子：人多到桌子坐不下的团圆饭，大人们忙着打麻将，小孩子们到处放冲天炮……童年时的老家早已不在，这几年过年也都因为四处流浪没什么年味，谢谢槟城让我有机会带着老 J 走进时光隧道，再次回忆起小时候过年的味道。

4-5

# 不上班也有钱，躺数钞票

要创造被动收入，一开始并不容易，我们花了快10年的时间才成功。大家都想建立被动收入的渠道，但真正试着开始做的人并不多。

“如果可以不上班就有钱，那该有多好！”相信不只我，尤其是冬天窝在暖暖的被窝里赖床时，每个人都有过这种不切实际的想法。但我现在就要告诉你们：真的有可能不上班就有钱（请先不要拨打诈骗热线）。

每天要主动出门，上班、下班，有工作才有收入，叫作主动收入；每天躺在家里或躺在海边度假，不用做事就有钱流入银行，就叫作被动收入。我跟老J这3年多来，在世界各地长住、旅行，不用上班，但是银行里的存款却没有大幅度减少，就是因为我们建立了被动收入的渠道。

光靠工作，能赚钱的时间很有限，1天24小时里，扣除吃饭、睡觉的时间，拼命工作也不过十几个小时。一生中能用劳动力赚取主动收入的年限，顶多是20~65岁这45年的时间。如果建立了定期领取被动收入的渠道，就算年纪大了、身体无法工作了，依旧会有持续收入。

台湾人了解的最常见的被动收入来源，应该是当包租公（婆），每个月收租数钞票就好。而通过投资领取固定收益，也算是被动收入，我们投资被动式的指数型基金ETF（交易型开放式指数基金），每个季度都会有分红发放到账户，真的不用上班就会有钱。

我跟老J两个人辞掉工作开始旅行，到现在已经快3年了，虽然一直在花钱，但存款和投资账户里的金额却不减反增，因为被动收入一直滚滚而来。

这几年来美股不断走高，加上我们旅行的国家，物价大多比美国低上许多，花费几乎用分红就足以负担。依照 4% 法则，我们每年可以花的预算是本金的 4%，我们尽量努力不动用本金，让资产在不知不觉间继续增值。

要建立被动收入的渠道，一开始并不容易。让投资分红从 1 年几十元，到现在可以支付我们的生活费，花了快 10 年的时间。我们省吃俭用，存下大部分的收入当“钱妈妈”，慢慢就会生出“小钱宝宝”。大家都想建立被动收入的渠道，但真正试着去建立被动收入渠道的人并不多。除了利息分红、租金收入，还有很多其他方法可以创造被动收入。

老 J 在 2015 年一开始，就拓展了新的被动收入，除了原有的投资收益，他动了一下爱钱的小脑袋，让他的网站收入从每个月 10 美元，增加到超过 1 000 美元。

2015 年我回台湾待产，在那段期间，老 J 这个财迷闲得发慌，开始认真经营博客（www.gocurrycracker.com）。这个网站其实从我们旅行时就开始运营了，但前两年，博客每个月只有约 10 美元的谷歌广告收益（Google AdSense，提供网站经营者获利的服务）。不过在之后短短半年里，这个网站每个月已经可以产生 1 000 美元以上的收入。

这个网站与很多人气博客相比，流量并不大，每天差不多 2 000 多人，不过财迷老 J 这几个月真的有太多时间了，老婆怀孕没空理他，他就把精神寄托在运营网站上，不断动脑、努力钻研。他写邮件或上论坛，跟其他靠着网站过活的博主们交流经验，甚至打电话向几个他常联系的博主直接请教。

他试了很多增加网站流量的方法，还找了几家谷歌以外的广告赞助商，例如财务管理软件公司、信用卡公司、亚马逊……这些广告商给的佣金比谷歌广告高出许多，只要有人经由网站购买它们的服务或申办信用卡，还可以拿到奖金。

大家也可以开始动动脑筋，想想从今年开始可以做什么来创造被动收入。祝大家财源滚滚，躺着数钞票啊！

2016年6月／意大利．阿马尔菲（Amalfi）

## 美丽人生

为了看到这片蔚蓝的地中海，我们吃尽了苦头，公车在比台湾北宜还要弯的山路峭壁上转呀转，来回5小时的交通，才到了梦想中的海边。如果只看照片，大家应该只会觉得这一家人到处游山玩水，太幸福了吧！美丽的结果通常都有辛苦的历程，我们在到处玩之前，也有10多年辛苦省钱、存钱的岁月。

# 第5章

# 学会投资，时间带来金钱

拿支笔来算算，工作到现在的收入有多少？
如果一开始就认真存下来稳定投资，
至今可能会有多少退休金？
一边积累存款，一边学习投资的方法，
是我们能提前退休的最主要的原因。

5–1

# 从负到零、从零到100的人生

我们能提前退休的最主要原因是，我们不断对自己重复、重复到耳朵都要长茧的“节约”和“谨慎投资”的理念。1 年、5 年、10 年……终于有足够的本钱，不上班就有钱！

老 J 跟我都一样，大学毕业后的人生都是从负债开始，一毕业就拼命赚钱，先还清贷款，把负债归零，再慢慢开始存钱，之后存下 70% 的税后收入，最后甚至连生活费都不需要占用本金，只需要用投资获得的利息支付，把 100% 赚的钱都存下来。

唯一的诀窍就是，我们一直不断重复、重复到耳朵都要长茧的“节约”和“谨慎投资”的理念。说得很简单，但怎么做到的呢？

首先，就是大量阅读别人成功的例子，从别人的经验中学习。现在要从网络上学习到新知识，实在太容易了！我们经由书籍和网络，学到了很多关于投资理财的知识，慢慢运用在自己的资产管理上。因为想提前退休，所以参考了很多其他人提前退休的方法，也参与了提前退休的论坛讨论。我们发现，除了少数人是创业成功暴富，大部分提前退休的人都是靠节约、存钱、长期稳定投资的方法。

我们学到最有价值的第一件事就是，认清房子和车子并不是资产，于是把房子和车子都卖了，还清贷款后，手上有了多余的现金，加上少了每个月要还的房贷，这些钱就变成可以拿来投资的本金。

节约和积累存款，是我们能提前退休的最主要的原因。我和老J去美国生活后，每个月的目标就是要存下70%的税后收入，根据这个目标来调整生活花费，一边积累存款，一边学习投资的方法。投资的重点，不是一般大众追求的高回报的理财产品，也不在于短期内是否能赚大钱，而是希望能在股市及债市中获得稳定的利息回报。

一开始，我们对投资完全没有概念，于是请朋友推荐理财顾问，面谈过很多位理财顾问后，我们和其中一位合作了两年，请他依照我们的需求，帮忙推荐合适的投资组合。

在与他合作的过程中，我们有任何不懂的问题就问他，把付出的佣金当成学费，按照他建议的资产配置，把钱按比例投资在股市和债市以平衡风险。几年后，我们发现了 ETF（股票型指数基金）这个不太需要经营，也不需要支付佣金的投资产品，于是慢慢分批把资金转到美股 ETF 里。

当股市大跌时，ETF 的价格便宜，我们会多买一些；当股市走高，我们还是会陆续买进，稳定地把资产慢慢转进 ETF 后，我们就不太做调整。渐渐地，利息收入越来越多，每个月能存下来的薪水也越来越多。1 年、2 年、5 年、10 年……经过长期持续省钱、存钱和投资，我们终于有了足够的本钱，可以不上班就有钱！

**➔阿姆斯特丹**

我们趁着转机等待的6小时，快速地坐地铁到阿姆斯特丹市区走了一圈，算是我们踏上欧洲土地的第一站。从这里，展开我们一家人半年的欧洲之旅。

bckspace
eyewear
bckspace
6
Michael & Giso
CUSTOM SUITS & SHIRTS
bcksp
eyewear

2016年4月 ∕ 荷兰．阿姆斯特丹

## 欧洲梦想之旅

到欧洲当背包客，是我从小到大的梦想，没有行程表，没有计划，只订了三张单程飞往阿姆斯特丹的机票，就展开了我们2016年最大的冒险。随心所欲地散漫游，120天的欧洲之行只有一个目标：找到一个我们喜欢到可以长住一年的城市，把它当成我们在欧洲的基地，融入当地文化，体验欧式生活。

5-2

# 提前退休，复利是好伙伴

每次兑彩票时，我都忍不住幻想自己有一天能中头奖，结果兑了二十几年的彩票，还是没能收获意外之财。但是，只要付出时间，“复利”真的可以让你提前退休！

还记得我们账户里第一次有利息时，每个月不过几十元，当时心想：要靠利息实现财务自由，也太难了吧！

“存钱存得那么辛苦，要是有方法可以让钱成倍增长该多好。”以前每次兑彩票时，我都忍不住幻想，自己总有一天能中头奖，结果兑了二十几年的彩票，还是没能靠中头奖提前退休。

但持续存了十几年的钱之后，利息从一开始的几十元，到现在已经可以支付我们一家人每个月的所有花费，主要就是靠着“复利”的威力，而让复利为我们工作的唯一方式就是付出时间。

复利神奇的地方在于，投入时间越长，收益就会以倍数增加。“投资 100 万元，要多长时间可以变成 200 万元呢？”有个简单的“72 法则”，也就是用 72 除以年化回报率，得到的数字就是资产翻倍的时间。举例来说，假设年化回报率 7%，在不断复利之下，10 年后这笔钱就会变成 2 倍。

千万别小看复利的强大力量，尽早学会投资理财，让复利为我们工作，而非辛苦地每个月为了偿还贷款、卡债，让银行赚到复利的钱。享受投资复利带给我们的财富，就像河水顺流而下一样，可以随着时间轻松积累金钱。

以年化回报率 7% 来算，我们在 20 多岁存下的每 1 元，通过复利，到了 30 岁能增值到 2 倍，到了 50 岁可以增加到 4 倍，所以越早开始存款，收获越大。别再犹豫，马上开始存钱，并善用投资工具，就能让复利的威力提前发挥作用。

如果有两个人，他们在 20 岁时各中了彩票 100 万元，其中一个人什么也不做；而另一个人把这 100 万元放进年化回报率 7% 的投资产品，不断积累，到了 30 岁，他就有 200 万元，而到了 60 岁，这原来的 100 万元就变成 1 600 万元。什么都不做的人，别说资产没有增长，还可能会全部花光。

16 倍的财富积累，靠的全是时间和复利的神奇作用，大家有没有现在就很想把钱丢进这个神奇的聚宝盆里？

但是，投资一定有风险！世界上如果有人告诉你，某个投资方法稳赚不赔，请你马上告诉我，我立刻帮你打反诈骗专线。

5–3

# 养了下金蛋的鸡，别轻易杀生

把投资比喻成会下金蛋的鸡，我们找到了会下金蛋的鸡，等鸡长胖了，我们也不会杀鸡取卵，而是拿它下的金蛋来用；市场变差时也不用担心，正好多买点鸡来养。

“琬铃请你告诉我，要买哪一只股票才能提前退休？”“琬铃你们投资什么产品？我也要投资一样的东西”……

我和老 J 不是投资专家，也不是股市名嘴，我们很有自知之明，没有能力光靠几个字，就教会大家如何投资。我没办法推荐哪只是优质股，也没有快速变富的方法（如果你知道，请告诉我），在这里我只是分享我们的投资方法。

我跟老J很清楚，自己的投资目的不是要追求快速致富，也不奢求在短期内让资产增加数十倍、数百倍，只希望通过长期投资赚取稳定的利息回报，在退休后资产不至于因为通货膨胀而缩水。

了解自己为何投资后，在能接受的风险范围内，我们选择了最适合自己的投资方式：长期持有（预计持有30年以上）高利率指数基金，不赚账面差价。

存下一笔不会有紧急需求的资金时，我们就进场投资，并且打定主意，不论市场如何变化，投进去的本金不再取出，也就是不会卖掉，每年乖乖领利息，就算账面上有获利，也不打算赚差价。简单来说，投资策略就是：低点时多买进，高点时不卖出。

把这些投资比喻成会下金蛋的鸡，我们找到了会下金蛋的鸡，等鸡长胖了，我们也不会杀鸡取卵，而是定期拿它下的金蛋来用；如果整体环境让鸡群变瘦了，售价降低，正好可以再多买点鸡养着，以后下更多金蛋。所以就算股市明天暴跌，我们手上的持股数依旧不变，还是一样领得到利息。

最简单的投资产品，就是投资在整体市场的ETF，它是根据市场指数选股，能入选ETF的公司都是产业中的佼佼者，如果公司表现不佳，就会被更好的公司所取代。因此指数基金一直会有新的产业、新的公司出现，自然也可以对抗通货膨胀。

Winnie 散漫游

2016年6月 / 意大利．威尼斯

## 最省钱的浪漫

“一个人半小时要80欧元！”在威尼斯，大家都会坐船游运河浪漫一下，算了算了……浪漫跟浪费只有一字之差，但内心还是有些遗憾。晚上老 J 突然说：“走，来威尼斯怎么可以没去游运河！”结果，他带我坐上超大型渡轮，走到船尾推开暗门，居然有几张椅子在室外区。吹着微风，看着超大的粉红色圆月，虽然没有人对我唱意大利情歌，我还是感受到了这晚最务实的浪漫。

5-4

# 简单易懂的提前退休概念

"如何节约"是一个被小看的能力，有时想节约还会被嘲笑。然而，与其想办法把投资回报率提高到 20%，不如增加自己的存款率，更有可能实现财务自由。

既然复利的威力那么强大，那我和老 J 靠投资就好了，为何还要辛苦地努力存钱呢？

举个很简单的例子，假设收入 3 万元，只存了其中的 5%，把 1 500 元拿来投资，就算投资年回报率高达 20%，1 年后账户里也只多了 300 元，变成 1 800 元；远比不上少花 1 万元，就算只放在银行领 1% 的利息，最后还是有 10 100 元。

这是很简单的事实，但现在大部分媒体和投资书籍，标题都是在强调如何“快速”变富，这是本末倒置。所以很多人的投资重点，永远放在追求快速致富的方法及高回报率，而不是脚踏实地地想办法减少支出。我们也是努力了 10 多年，才能实现财务自由。

如果每年的存款比例为总收入的 10%，也就是说，你要工作 9 年，才能存到 1 年所需的生活费（不含利息）；如果提高存款比例为 50%，只要工作 1 年，就可以存到 1 年所需的生活费。

在这里我做了个简单易懂的表格（见下页），让大家看看，想要提前退休，为什么存款比例高低的影响，会远大于投资回报率高低的影响。

从表中可以看出来，如果你只存下 10% 的收入，投资回报率 3% 和 10% 可以赚足退休金需要花的时间，差异几乎是 30 年。但如果存款率为 60%，投资收益 3% 和 10% 的差异只有 3 年左右，也就是说，即使你的投资回报率只有 3%，也只需要多花 3 年时间就可以退休。

| 本金越多，存退休金时间越短 单位：美元 | | | | | | |
| --- | --- | --- | --- | --- | --- | --- |
| 每年收入 | | 1 000 | 1 000 | 1 000 | 1 000 | 1 000 |
| 存款率 | | 10% | 30% | 50% | 70% | 90% |
| 每年支出 | | 900 | 700 | 500 | 300 | 100 |
| 每年存款 | | 100 | 300 | 500 | 700 | 900 |
| 依4%法则推算退休本金 | | 22 500 | 17 500 | 12 500 | 7 500 | 2 500 |
| 不同回报率所需准备时间（年） | 3% | 69.3 | 34.2 | 18.9 | 9.4 | 2.7 |
| | 5% | 51.4 | 28.0 | 16.6 | 8.8 | 2.7 |
| | 7% | 41.7 | 24.0 | 15.0 | 8.3 | 2.6 |
| | 9% | 35.5 | 21.3 | 13.7 | 7.8 | 2.6 |
| | 10% | 33.1 | 20.2 | 13.1 | 7.6 | 2.6 |

以上要强调的是，如果你提高存款率至 60%，不论投资回报率高低，你都可以在 10~13 年左右实现财务自由。也就是说，节省开支、提高存款能力，对财务自由的影响，远远大于投资回报率。

每个人都有物欲，都想享受当下更好的物质生活，大家真的要多思考，这些花费是否值得我们付出50年的人生？

布拉德·皮特主演的电影《搏击俱乐部》，里面有一句话我很喜欢：“你拥有的东西，最终会反过来钳制你。”

很多人为了买一件印上名牌标志的衣服，宁愿花10小时坐在办公室（工作）陪伴同事。世界这么大，买了车子，但它真的有带你去更远的地方吗？还是把你困在办公室里还车贷。辛苦买了房子，还得在家中添满能让生活品质更好的东西，一生最宝贵的20~30年，为了还清高额房贷，大部分的时间，这个房子都缺少了让房子成为“家”的最主要的原因——你和家人共同相处在这里的时光。

至于如何去达成这个目标，就要看个人的努力。我跟老J认为，最简单的方法就是认真检查自我的消费习惯，降低物欲，习惯简单的生活。

想想很多时候，因为不满足，即使拥有再多也不够，就像大家说的，女人的衣橱里永远少了一件衣服，男人则永远少了一样最新的电子产品；别人有的东西我想要，别人没有的东西我更想第一个拥有，买来让别人羡慕。

“如何节约”是一个被小瞧的能力，跟前几代的人比起来，现代人的社会价值观差异很大，现在社会上充斥着鼓励消费的新闻和文章，奢侈品好像变成了必需品，大家都想吃好、穿好、用好，而过去人的节约生活方式，已经是被淘汰了的沉

旧思想，有时想节约还可能会被嘲笑。

拿支笔来算算，工作到现在你的收入有多少？如果一开始就认真存下来稳定投资，至今可能会有多少退休金？再想想，当初那些花费，你还记得买了哪些东西吗？买的东西现在又在哪里？真的值得你为它们付出人生吗？



**新加坡**

“我要努力健身，练出6块腹肌！”刚退休那年，老J立下豪言壮语，但过了醉生梦死的退休生活后，他的梦想已经被深埋在啤酒肚下了。

2016年3月 / 新加坡

## 美梦成真

在新加坡住了两夜，哪里也没去，看的最多的就是老 J 不养眼的泳装照。问他要不要去外面走走，或是去吃吃著名的新加坡小吃，大爷坚持要整天待在酒店泳池里，只差没有睡在那里了。在金沙酒店的顶楼泳池游泳是他的人生梦想之一，好不容易实现期待已久梦想的人，就是那么傻气可爱。

5-5

# 被股灾吓多了，变得面不改色

我和老 J 被股灾吓过好多次，遇到金融大事件，更是一个晚上 10 万美元就不见了，但只要坚持不卖出手上的持股，生活就不会因此有任何改变。

投资一定有风险，从开始投资到现在，我和老 J 经历过好几次所谓的股灾。中国股灾、全球股灾……总之每几年就会经历一次，每次电视新闻都会不断地播放股市崩盘的可怕消息。

我们家 99% 的退休金都放在美股指数基金里，所以只要指数暴跌，光账面就会损失我们一家 4~5 年的生活费。遇到这么紧急的状况怎么办？当然要马上处理！

我们处理的方式是：关掉电视，饭照吃，觉照睡。

记得当年我买了第一只股票时，每天早上 9 点、10 点、11 点、12 点……都要上网看一下价格，只要上涨，我就开心得不得了，心想：赚了赚了，再放久一点就能赚更多。但是我买的这只股票，总是涨的时候少，跌的时候多，原因是什么，当年的我也不太清楚，因为它是朋友告诉我“一定会赚，要快买”的优质股。

看着自己辛苦存钱买的股票，股价慢慢地低于买入价，再慢慢地低于 10 元面额，心都凉了，最后只能匆匆忙忙地把股票卖了，心里偷偷埋怨朋友，想着那些消失不见的钱，本来可以用那笔钱做很多事。

过了很久，我又买了股票，不过这次自己认真做了功课，买了打算用来当定期存款的高利率股票。股价还是有涨有跌，涨的时候，我还是忍不住开心，跌的时候，也忍不住害怕，但我努力忍到赚了利息后才卖掉，虽然没赚什么大钱，至少也没赔钱。

后来老 J 决定把手上所有资金都投资到指数基金上，我们又被股灾吓过很多次，偶尔会损失几万美元，遇到金融大事件，更是一个晚上 10 万美元就不见了。

但是，它们终究会慢慢回来。只要坚持不卖出手上的持股，我们拥有的股票份额还是一点也没变，生活也不会因为股灾有任何改变，因为这些指数所包含的公司，依旧在做研发，依旧有新产品上市，依然有获利、会发利息。

当股市再度疯狂下跌的时候，我们唯一的改变，就是用手上多余的现金，趁股票便宜再多买一些。下次你们听到身旁的人都在喊着“股灾”时（尤其是连平常不讨论投资的朋友们也都在谈论时），或许就是可以认真考虑捡便宜的好时机。

2016年7月 / 苏格兰

## 爱丁堡的神秘力量

跟老 J 来爱丁堡拜访朋友，一走进他朋友家的公寓，我就有种很强烈的熟悉感。“你们看！”我指着厚厚的相册里找到的6年前的旧照片，大家一起惊叫：“怎么有那么惊人的巧合！”我居然睡在6年前曾经睡过的客房床上，太不可思议了！

5-6

# 创造被动收入，用利息支付生活费

工作的时候，每次领到薪水，我就会定期买进指数基金，碰到股市下跌，反而可以买进更多，根本不怕股灾。现在退休了，每个季度分配的现金利息，就是我们的生活费。

很多朋友希望我们能分享自己的投资方法，但要先声明一下，适合我们的投资方法，不一定适合所有人。

我和老J很清楚，投资目的不是要追求快速致富，只希望通过长期投资，赚取稳定的利息回报，退休后资产不至于因为通货膨胀而缩水，我们的投资原则如下：

- 不追求获利超越大盘的高风险股票。
- 长期持有并持续买进，降低平均持有成本，避免追涨杀跌。
- 选择手续费用（税款、手续费、管理费等）最低的投资方式。
- 每个季度发放的利息是被动收入的主要来源（股价变动不影响持有数量，利息照领）。
- 股灾时是入场的好时机。

几经考验，我们觉得最适合我们的方法，就是投资股票型指数基金。我们几乎把所有的退休金，都投资在美国先锋集团下的基金，分配比例如下：71% 美国市场指数 ETF、20% 整体国际股票指数（美国除外）ETF、5% 不动产投资信托指数 ETF、4% 美国整体债券市场指数 ETF。

说了很久的 ETF，ETF 到底是什么？“不要把鸡蛋放在同一个篮子里”这句话大家都听过，但为什么我们敢把所有的退休金都投资在 ETF 里呢？

ETF 按照股市指数的内容和比重，把资金分散投资在代表指数的主要成分股。举例来说，台股中最具代表性的元大台湾 50 这只 ETF，投资标的就包含台股市值最大的前 50 家公司，也就是说，我们投资的是一整个市场，就算里面其中一家公司倒闭，也会有新的公司补进来。只要整体股市存在，指数就存在，所以风险相对于买卖个股低很多。

连股神巴菲特都曾说过："如果你不懂股市和产业，那么就去买指数基金吧，因为这比我的操盘绩效还好！"而且因为ETF投资标的是在追踪指数，不需要基金经理选股，属于被动式管理，交易成本和手续费都很低。

选择先锋集团，是因为这家基金公司的创始人有着很特别且创新的经营理念，这家公司不是以基金公司或基金经理的获利为目标，而是把旗下管理的基金当成股东，因此投资者也间接变成公司的股东。所以扣除最基本的经营成本后，其余的盈余都平均分配给股东，也等于是投资者的利息。

举例来说，美国市场指数ETF的内扣总开销为万分之五（0.02%基金经理费和0.03%其他开支），比起一般基金动辄2%以上的管理费，便宜许多。

我们在工作的时候，每次领到薪水就定期买进指数基金，碰到股市下跌时，同样的资金，等于用打折价买进更多持股，长期下来，这种方式可以降低平均持股成本，所以我们根本不怕股灾。

现在退休了，这些ETF每个季度分配的现金利息，就是我们的生活费，不够用的时候，我们才需要卖出持股（动用本金）。

在台湾，大家也可以通过网络在海外券商公司开户，直接投资海外 ETF。但因为汇率和缴税规定不同，我们的方法不一定适合每个人，大家还是需要根据自身的情况，评估后选择最适合自己的投资方法。

第6章

# 开始不一样的人生

不上班也有钱去环游世界，
诀窍就是要坚忍地等着苦尽甘来的那一天，
那年，我 33 岁，老 J 是 38 岁，
我们终于鼓起勇气，
开始另一种不一样的人生。

6-1

# 恐惧是实现梦想的最大敌人

钱真的够用吗？梦想即将实现时，心里除了兴奋，还夹杂着不少害怕和迟疑，于是我们又多工作了近两年，才终于鼓起勇气，开始另一种不一样的人生。

“10 年……还有好久才能退休。10 年后不知道地球还在不在，我还是自在地享受当下生活比较实际。”刚开始计划省钱人生时，总觉得 10 年要好久，但往回一看，一眨眼就不见了（想想 10 年前的自己在做什么？有没有觉得日子过得非常快！）。

我们一天一天地过着习以为常的节约生活，直到有一天，银行里的存款超过了当年计划的最低数额。为了庆祝，我和老J飞到纽约，摸着华尔街号称会带来好运的“铜牛蛋蛋”，希望我们的资产能稳定增值。

梦想就离我们只有一小步的距离——只要老J提出辞职，我们把公寓退租，就可以实现这么久以来的梦想，去环游世界了。

“要出发了吗？”“钱真的够用吗？”“但是再工作一年，就可以多几万的存款……”年少时的心愿终于要实现了，心里除了兴奋，还夹杂着不少害怕和迟疑。踏出这关键的一步，等于要脱离自己习惯多年的舒适圈，迈向充满不确定的未来。我们开始找到各种理由，来质疑这个计划的可行性。

每次想着再多工作1个月，存款又可以增加不少，于是我们1个月、1个月地延迟自己的梦想，最后又多工作了快两年。直到有一天，跟老板理念不合的老J，为了坚持自己的理念，冲动地提出了辞职。事后他说，能这么有底气地跟老板提出辞职，也是因为知道自己不需要再为了钱而工作。

那年，我33岁，老J则是38岁。我们终于鼓起勇气，开始另一种不一样的人生。

cloudveil

Winnie 散漫游

2016年5月 / 西班牙．巴塞罗那

## 我家门前有条小河

“这真的太美了！”我打开民宿的窗户往外看，能看到河边上的倒影，这个不太出名的西班牙小城让我一见倾心。来欧洲30天，我们已经走到了第10个城市，其实这次移动得这么快，是因为有个任务——要在欧洲找个喜欢的城市定居1~2年。这个位于巴塞罗那近郊的小城赫罗纳，会不会成为我们暂时的家呢？

6-2

# 家产只剩两个登山包

出发前打包行李时，要我这个收藏癖患者扔掉东西，真是很要命！最后一咬牙，我们什么都不留，两个人背着大背包，开始不知道会持续多久、会走到哪里的旅程。

出发前打包行李的时候，家里不断出现这样的对话："你不要扔我的东西！""你疯了吗？哪有人徒步旅行带这么多洗发水和沐浴乳。""那这个可以丢吗？""不行！这是朋友送我的。"

其实我本来有收藏癖，买东西的纸袋、吃完东西的瓶子、酒店带回来的洗发水……反正只要觉得有 1% 的可能在日后会用得到，我就舍不得丢，先收起来再说。几年下来，小小的家里堆满了我“资源回收”的宝物。

出发前，我和老 J 准备了两个大登山包，说好接下来的旅行就只能带上这两个包。家里的物品，只要没办法背在身上，就要卖掉、送人或拿去回收，于是家里的东西被分成几堆：要卖的、要带走的、要送人的、要丢又舍不得丢的、真的要丢的、想留在仓库的。

我们把家具广告放上二手网站，当初买家具的时候，就知道几年后会把这些东西卖掉，所以在二手网站买家具时，我们挑的都是比较贵的知名品牌。如果在宜家买新家具，卖掉时通常都要打对折。最后我们的沙发、餐桌、茶几都是用最初买到的价钱卖出，等于这几年都是免费租用这些家具。

挑一些保存不错的衣服送到二手衣店，一包衣服换了几百美元的现金，剩下带不走的东西就捐给公益机构。到最后，我们所有的东西，真的就只剩下了两个大背包和几个箱子。

要我这个收藏癖患者扔掉东西，真是要我的命！常常老 J 把东西扔了，我又偷偷从垃圾桶里捡回来，整理到最后，还是有好多舍不得放弃的东西，毕竟这一件件都有特别的回忆啊！为了保存这些东西，我们去寻找小仓库，想把舍不得丢的东西先留在仓库里。

但是我们拿出计算器算了一下，即使是租个最小的仓库，每个月要花 50 美元，1 年下来租金就要近 700 美元。我们也不确定什么时候会再回西雅图，1 年 700 美元已经够我们把这些箱子里的东西重新买好几遍了。最后一咬牙，决定什么都不留，我们把箱子里的东西都清光，两个人背着大背包，开始不知道会持续多久、会走到哪里的旅程。

3 年后再回头看我们当初做的决定，还好没租那个仓库，我根本已经不记得当初箱子里想留下的东西有哪些。既然 3 年多来都没用到它们，这辈子应该是不需要它们了。

3 年 2 100 美元的仓库租金，不但足以买到当初箱子里装的所有东西，还可以买很多张机票、住很多晚酒店、吃很多次大餐呢！

大家看看家中堆积的物品，是不是其中很多东西已经多年没用到，处理掉也不会可惜呢？

6-3

# 越玩越有钱，几乎免费的欧洲行

不上班也有钱去环游世界，诀窍就是要耐心地等着苦尽甘来的那一天。2016 年，靠着被动收入，我们终于圆了去欧洲旅行的梦想。

从小我就对欧洲有很多幻想和期待，觉得那里是世界上最美、食物最好吃的地方。

“我要去巴黎吃美味的法国菜、逛美术馆，去意大利威尼斯运河坐船，去西班牙看高地建筑……”3 年前在决定环游世界要去哪些地方的时候，我跟老 J 说着一直以来梦想中浪漫的欧洲之旅。

话还没讲完，老 J 就爽快地说：“好，没问题！我们一定去欧洲圆你的梦。”一转身，他拿出电脑，背着我订了去墨西哥的机票。（大哥！墨西哥在北美洲，不是在欧洲。）

“欧洲我们一定会去！但去欧洲前，先去物价便宜的中南美洲和东南亚。”正式辞职的第一个月，少了老 J 的收入，虽然知道我们的计划应该万无一失，但心里还是有点不踏实，很怕花钱超过预算，于是我每天晚上都看着记账本，再三确认今天花了多少钱？银行账户的钱有没有少太多？

老 J 的头发大概就是在那个月掉光的。他说，如果一辞职就去物价很贵的欧洲，他可能会忧虑过度、心脏衰竭。为了保住老公的命和剩下不多的头发，我们从物价便宜的墨西哥、中南美洲和东南亚开始，实践 4% 法则的退休金原理。

在这些国家，我们用退休金的 4%，可以生活得像王室贵族一样，不需要太担心钱不够用。旅行刚开始时，我们还是过着一如既往的节约生活，住旅馆或便宜的度假公寓，结果 3 年多下来，状况居然比我们当初计划的还好。在这些物价低廉的国家，每年只花了我们退休金的 2%~3%，剩下来多的钱可以继续留在投资账户里赚利息。

3 年后，投资的利息收入，加上美股不断出现上涨的趋势，我们的退休金账户里的钱居然比当初出发旅行前还多，等于这几年来我们的旅行费用，都是靠投资收入的赞助。怎么有这么好的事！旅行了 3 年多，账户里的钱不减反增，但老 J 的头发却是一掉不回头，再也长不回来了。

如果 2012 年一辞职，就先去西欧或北欧这些国家，我们可能每天只能吃面包配白开水，没办法悠闲地散漫游。2016 年，我们靠着被动收入，不需要动用投资账户的本金，终于圆了我们去欧洲旅行的梦想。

本来担心欧洲物价太高，但这几年欧洲经济不景气，欧元不断贬值，我们靠着汇率差额、投资收入，还有老 J 经营博客的额外收入，在欧洲吃好的、住好的。老 J 居然还说："从台湾飞欧洲要十几个小时，我想给你和儿子订商务舱，这样你们比较舒服。"天啊！我这是苦尽甘来了吗？

不上班也有钱去环游世界，诀窍就是要耐心地等着苦尽甘来的那一天：

忍，一定要先吃苦，努力存钱，延迟享乐。

再忍，想办法建立能不上班也有钱的被动收入。

继续忍，等着被动收入一天一天地增加。

终于苦尽甘来，开始享受天上掉下来的钱。

一棵树能长大也要等 10 年，如果大家能今天就开始播种、施肥、浇水，10 年后等树苗壮了，就会不断有果子从树上掉下来。祝福大家下一个 10 年也能不上班就有钱。

忘了说，老 J 订的商务舱机票，是用里程数免费兑换的，因为里程数快到期了，一次能换 2 张机票。这次的旅行，是不是简直就跟免费的一样！

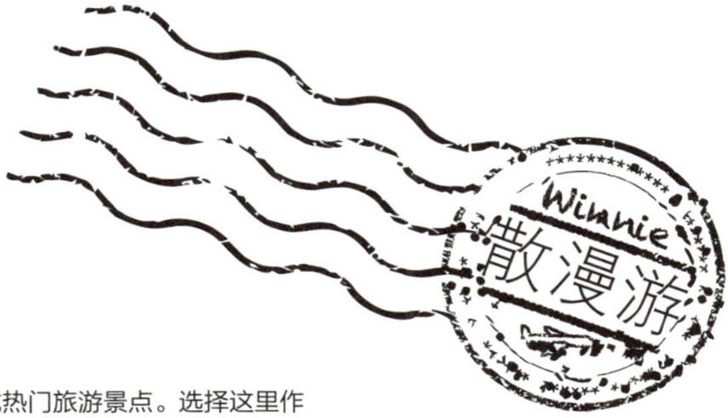


2016年8月 / 冰岛

## 白日梦想家

冰岛因为《白日梦想家》这部电影而变成热门旅游景点。选择这里作为环欧之旅的最后一站，是因为4年前的我们，跟身边的亲友说了我们环游世界的“白日梦”，大家都抱持着些许的怀疑，就连我们自己也是。4年后，在冰岛的神奇幻境中，我们要告诉大家：在坚持和努力下，白日梦一定可以成真。

6-4

# 精打细算，快乐去旅行

为了避免被骗，前往一个国家之前，我会先在几个好用的网站上查询当地物价，这些网站甚至连当地菜市场一把青菜或一个鸡蛋多少钱都有！

旅行出发第一年，心中还是有些许的不确定，因为怕钱不够用，我们会把实际的花费全部写下来；在世界各地的市场买东西时，常会有被害妄想症，很怕被当成冤大头（尤其是我们一家之主老J，长得真的蛮傻的）。

大家可能有个概念，知道美国、欧洲的物价比中国高，东南亚物价比较低，但实际是高多少、低多少，大家并不清楚。为了避免被骗，我和老J前往一个目的地之前，会先在几个网站上查询当地物价，这样我们还没出门，就可以预估会花多少钱，这些网站甚至连当地菜市场一把青菜或一个鸡蛋多少钱都有！

在这里分享几个不错的对比物价的网站，让大家以后出门前也可以精打细算，不会到当地变成“冤大头”。

◆ Nomad List

网址：nomadlist.com

这个网站主要是让想利用网络工作，或是在海外生活的人有个参考。网站根据生活费、气候、空气质量、娱乐及安全五大基本条件，列出了500多个城市的排名。除了这5个条件，还有很多其他条件可以加入筛选，让你找到最适合自己的城市。

根据这个网站，2016年8月时，台北在这里的排名高居第4，当你点击图片里的城市，会出现生活费的表单选项。

如果你决定当个纯粹的观光客，Nomad Cost是指住酒店及三餐外食的费用；Expat cost是指外国人在当地长住的平均花费；Local cost是指当地人的平均花费。除此之外，还有吃饭、喝酒和喝咖啡，大概要花多少钱。

◆ Numbeo

网址：www.numbeo.com

这个网站的界面没 Nomad 那么漂亮，但其实是我们最常用的一个。在首页选择生活费对比（Cost of Living Comparison），输入目前所在地和目的地，网站就会给出一份详细的分析表。

总表会给个大概的百分比，下方的表格明细会把衣食住行及当地平均收入，甚至连房贷利率都列出来，让你连市场一个苹果卖多少钱都知道。如果你想要退休后到不同城市长住，这个网站千万不能错过。同样以 2016 年 8 月的资料来看，泰国清迈和中国台湾相比的结果，清迈物价比台湾便宜约 36.69%。如果你在台湾一个月要花 22 000 元，在清迈大约 14 000 元就可以有相同的生活水平。

◆ Movehub

网址：www.movehub.com/blog/living-costs-world-map

这个网站只是作为简单的参考。网站用颜色区分各个国家和地区的生活费，中国台湾是黄色，绿色和浅蓝色代表比中国台湾便宜，其他颜色从右往左越来越贵。

如果今年海外旅游预算少，想找物价比台湾低的旅游景点，就可以来这里找灵感，然后再用上面那两个网站，做出比较详细的预算规划。

6-5

# 小钱大享受，省钱住好宅

我和老 J 曾经住在墨西哥长达两个月，旅行结束一算，不但没花租房子的钱，还赚了 200 美元！怎么做到的？当然是靠着动动财迷的小脑袋。

2013 年年底，我和老 J 曾住在墨西哥被评选为全球最佳旅游城市的圣米格尔长达两个月，我在那里学做银饰、做墨西哥菜、逛菜市场、和菜市场里的婆婆们练习西班牙语。

12 月正好是圣米格尔的旅游旺季，很多人会从美国、加拿大南下来这避寒，所以就连最普通的酒店、旅馆或爱彼迎（提供度假公寓的网站），一晚的住宿都要超过 50 美元。幸运的是，我们在城里最中心、最热闹的地方，租到了一间古迹改建的 3 层楼度假小屋。这是西班牙殖民时期遗留下来的建筑，里面小花园、美丽的彩绘瓷砖，以及家具和厨具等应有尽有。

更棒的是，还有人负责打扫，我们住进去可以彻底地放松心情，我也不用每天追在老 J 后面抱怨他乱丢东西。这房子最初在爱彼迎的价格是每个月 2 000 美元，然而我跟老 J 最后只花了一半价钱 1 000 美元就租到了。结果，旅行结束我们一算，不但没花租房子的钱，反而还赚了 200 美元！怎么做到的？当然是靠着动动财迷的小脑袋。

爱彼迎是租给外国人的，网站上的订价肯定比较贵。因此我们在出发前，通常只会预定 1~2 晚市中心最便宜的房间，到了当地再去市场或咖啡厅打听哪里有房子可以租。

很多咖啡厅都会有公告板，张贴着房屋出租的广告。拉丁美洲的朋友们都很热情，一传十、十传百，一下子全村的人都知道我们在找房子，我们租的那间小屋就是从咖啡厅打听来的。咖啡厅老板帮我们谈到的价钱，直接就是给到当地人的优惠价 1 200 美元。后来我们才知道它在爱彼迎网站上的订价要 2 000 美元。

此外，长住的好处就是，房东也愿意租客能长期住，两个星期后，租客可以勇敢地跟房东开口要求折扣。只要敢问，就算打 9 折也算赚到。在我们讨价还价以后，1 000 美元租到手。其实只说了几句话就又省了 200 美元，几秒的时间赚回了 15%，投资回报率是不是很高啊！

租到之后，我们把三楼多出来的一间客房，放在爱彼迎和美国房屋租赁网站上，出租一晚就有 50 美元收入（当然在旅游旺季才有办法租出去，同时也要承担遇上坏房客的风险）。

之后我们到很多城市旅行时，都采取同样的方式节省住宿费用。即使没办法转租，仅靠前面提到的诀窍就可以节省不少费用了。此外，帮人照看房子（可能要顺便照看花园或宠物）、到当地旅馆打工换住宿，也是节省住宿费的常见方法。

以下提供我们常用的租房网站：Airbnb（www.airbnb.com）、VRBO（www.vrbo.com）、Craigslist（www.craigslist.com.tw），希望大家能跟我们一样边省钱边旅行，玩得开心！

6-6

# 海外退休新选择

很多欧美人士选择到物价比较低的国家退休，他们因此能够提前 10 年退休。这里我们要提供一种退休新思维，让大家思考一下……



“我妈说，她打算明年就申请退休，搬来泰国住。”凯洛是一位德国籍软件工程师，年纪不到 40 岁。他说有一天他坐在会议室里开会，一直想着，如果再让他继续坐在办公室里，再开一次会，他肯定会精神崩溃。因为不喜欢在德国朝九晚五的上班族生活，他决定辞职一年，到世界各地走走。

第一次看到凯洛，是在我们清迈的长租公寓里，他身边还有一位漂亮的、化着浓浓眼妆的泰国长发女孩，名叫潭雅。“又是来泰国寻欢的外国人！”虽然我这个亚洲妹也嫁给了外国人，但还是忍不住心里抱有对外国人的偏见。

虽然我的想法有些主观，但实在是因为在泰国看过太多外国老年人抱着年轻小姑娘，在这里花钱买爱。后来常看到那位美丽的女孩，我跟她点头打了招呼，她害羞地问我可不可以抱抱我的儿子。聊了以后我才知道，其实她跟凯洛也很想生个孩子，她是凯洛走遍东南亚，却留在泰国的原因。

打算浪迹天涯的背包客凯洛来到清迈，在旅馆遇上了在那里工作的可爱女孩潭雅，两人交往了半年后，凯洛的背包也不打算再背上了，决定在清迈定居下来。因为他太喜欢泰国了，希望妈妈也来清迈体验一下在国外退休的生活，顺便见见他打算共度一生的女孩。

凯洛说到自己的妈妈，忍不住担心妈妈本来就已经很不满意自己来东南亚流浪，再娶一个泰国女孩当太太，定居在离德国十万八千里的穷乡僻壤，光想到这些，就觉得妈妈很难开心得起来。

潭雅在未来婆婆还没到之前，就开始张罗很多行程，还让我陪她去挑了送给凯洛妈妈的礼物，光选包装的缎带颜色，就挑了大半天。最可爱的是，她还连续很多天素面朝天，不像平常一样化浓妆、戴着夸张的假睫毛。“我很怕她会不喜欢我！”凯洛妈妈要来的前一天，她问我，素颜的她看起来有没有比较像个惹人喜欢的好女孩。

凯洛妈妈是一名老师，自己住在德国一室一厅的公寓里。已经 60 多岁的她觉得德国物价太高，每月两千多欧元的退休金只够付房租。因为根本不知道没有工作后要怎么生活，所以她只好一直上班。

“这里比我想象中的东南亚国家好很多！”“这里很方便，很先进，物价便宜，人又友善，天气也很好！”凯洛妈妈很喜欢这里，她很兴奋地用不太流利的英语，跟我讲着她在清迈的新体验。话语中一直“好”个不停，甚至见面还会用泰文“萨瓦迪卡”（你好吗）跟我们打招呼。

从她热切的话语中，可以感觉出来，她很喜欢潭雅，也很喜欢这个地方。在清迈住了两个星期之后，凯洛妈妈工作的学校寒假结束了，她不得不回到冰天雪地的德国，继续她的教师生活。然而过了几天，凯洛开心地跟我们分享，说他妈妈已经申请了明年暑假退休，打算用政府发的退休金，到泰国过悠闲又不为钱烦的退休生活，还要顺便来参加凯洛和潭雅的婚礼，以后就近帮他们照顾小孩。

这让我想到，有很多欧美人士选择到物价比较低的国家退休，其实不只在泰国，还有墨西哥、危地马拉等中美洲的很多国家，甚至有很多人，因为这样的决定，而提前了 10 年退休。

之所以会提到清迈，是因为现在从台湾可以直飞，很方便。而且那里又具有适合退休所需的三大优点：先进的医疗、方便的生活设施、负担得起的生活品质。清迈的生活设施跟一般大都市一样，物价却比美国、欧洲的大城市便宜了快一半，还有很多有趣的活动可以打发时间，因此人们退休后不会因为没事做而退化。

我们在那里长住的时候，整栋长租公寓里，几乎住满了从欧美来的退休老人。他们在泰国的生活，甚至比我们一家的生活还多姿多彩，例如学泰文、画画、做泰国料理、练瑜伽、游泳，甚至有人骑着摩托车跨越边界到邻国。

如果想让有限的退休金发挥出最大的消费力，可以考虑去物价便宜的地方提前退休。世界这么大，能让我想留下来当成家的地方不多。虽然大家都在抱怨台湾经济不好，房价高、消费高，工作到死都不一定能退休，但台湾永远是我心里的家。

这里提供一种退休的新思维，大家或许可以思考一下，是否一定要留在自己目前所在的城市度过退休生活？（泰国的退休签证，年满 50 岁就可以申请。）

SPORTS
HAPPY DAY

2015年9月 / 泰国．清迈

## 体验退休的好去处

泰北古城清迈，被无数个佛寺环绕，环境比曼谷清幽凉爽。古城区有种乡下热闹纯朴的氛围，新开发的百货区则和台湾不相上下，吸引各国人士来此地退休。每天清早我会去草屋搭成的瑜伽教室伸展筋骨，再绕到热闹的传统市场买菜回家，下午带着儿子去游泳或在草地公园打滚，晚上逛逛夜市……我们在清迈住了3个月，这样的生活真的想让人一直这样过下去。

6–7

# 坐在巴黎户外咖啡厅上班

热爱工作且喜欢旅行的阿迪，一边工作，一边四处长住看世界。如果和他一样有着非常高的工作执行力，下一个坐在巴黎户外咖啡厅上班的人可能就是你。

“嘿！你们是经营 Go Curry Cracker（老 J 经营博客的名称）的老 J 和曾琬铃吗？”2015 年在清迈一家咖啡馆，突然有个男人跑过来，对着我们一面手舞足蹈、一面惊讶地大喊。对方很兴奋地做自我介绍，说他叫阿迪，是老 J 的博客粉丝，很羡慕我们的生活。

“那个男人很奇怪，他在我的博客里留言，说要为了我改签机票到清迈来玩。”老J趁他去买咖啡的时候，偷偷跟我说。我们有点害怕遇上疯子，因为怎么会有人为了看老J，跨越半个地球（为了见足球明星贝克汉姆还比较有可能）。结果一年后，我们居然跟“疯子”阿迪在西班牙和爱尔兰又碰面了，还一起在爱尔兰展开了自驾之旅，一同住一家民宿。

阿迪是我身边朋友中，活得最健康又有朝气的中年大叔，他每天早上7点（不论晴天雨天）一定会起床晨跑，每到一个城市还会参加当地的自行车队。如果和他见面，第一眼看到的一定是他的招牌微笑，和一声超有活力的“Hey！”

大多数长期流浪的背包客都是年轻人，但也有年轻夫妻想要在正式踏入婚姻的坟墓前，来段精彩的旅行，好让他们在未来有段值得回味的经历。然而一个中年人不好好工作，独自一人长期在外流浪，通常背后都有个精彩（心酸）的人生故事。

这次爱尔兰之旅，我们和阿迪朝夕相处了一个星期，酒后吐真言，终于知道了阿迪阳光笑脸背后的伤心往事。

阿迪在波多黎各长大，是一个黑白混血的中年离异大叔。2015年8月在经历了一场痛苦的离婚官司后，他签下了离婚协议书，卖了房子、车子……然后将一半财产给了前妻后，开始了他的流浪生活。一开始他只买了一张单程机票，去了背包客的圣地——曼谷，其他的就交给命运安排。

“反正我已经没什么可以再失去的了！”一年来他走遍了泰国和欧洲各国，接下来还打算去韩国、日本、中南美洲的国家，顺便还申请了在西班牙长期定居。但神奇的是，他在流浪的过程中，有一份全职工作，不是自己接案子的自由职业者，而是真的在公司上班！

更神奇的是，他老板居然不知道他在环游世界！不论身在何处，每天他都固定上班至少 6 小时，也会准时参加公司的电话会议。跟着我们在爱尔兰开车旅游时，由于上网不方便，他就跟公司请了几天年假。

阿迪是一名软件工程师，本来跟一般工程师一样，朝九晚五。离婚官司进行时，他跟老板沟通，因为家中有事，需要每天一半的时间在家工作（当时为了处理焦头烂额的离婚官司，他真的无法每天去上班）。之后他又忙着卖车卖房，公司同事们也习惯了用邮件或电话跟他沟通，于是他索性跟老板申请全天在家工作。最后，他决定用前妻没拿走、剩下的那些存款辞职去流浪，同时疗伤。

当他跟老板说，他要搬去别的城市，没有办法继续上班时，全公司早已习惯他不在身边的工作模式。猜猜看老板跟他说什么？“你不用辞职，就跟现在一样在家远程工作就好。”就这样，全公司的人都以为他只是搬了家，殊不知他人已经在全世界各地环游。

我觉得他的方法实在是太厉害了！

热爱工作且喜欢旅行的阿迪，一边工作，一边四处长住看世界。现代很多上班族，其实大部分的工作也是靠着网络、笔记本电脑就可以完成，只要能按时完成手上的工作，坐在办公室或坐在亚马逊丛林，其实没有差别。

如果可以跟阿迪大叔一样，有着非常高的工作执行能力、时间管理能力、优秀的工作表现，以及跟老板同事们的沟通能力……有没有可能，下一个坐在巴黎户外咖啡厅上班的人就是你？

离婚后半放逐式的旅行，最初只是他用来疗伤的一个方法，却带给了他全新的人生态度。他说："我的人生从失去很多开始，才真正获得自由。以前我有房有车，看似拥有很多，但总觉得少了什么。现在的我除了一个背包和一台电脑，什么也没有，却觉得已经拥有太多。"

认识我们以后，他才知道，原来还有更好的方法，可以不上班就有钱。眼中闪烁着对自己未来很有信心的他，现在又加上了一个人生的新目标：努力存下大部分的薪水，跟我们一样提前实现财务自由。

以阿迪大叔惊人的执行力，相信几年后不知在哪个国家见面时，他已经实现目标了。

**➔爱尔兰**

每天都下着绵绵细雨的爱尔兰，有着大片绿到发亮的大草原。因为这样的天气，爱尔兰人喜欢躲在酒吧里喝酒聊天，由此产生了独特的酒吧文化。

2016年7月 / 爱尔兰

## 奇幻爱尔兰

在总是烟雨蒙蒙、有着无数奇幻精灵传说的爱尔兰，我们的旅程加入了一位神秘旅伴。他一边环游世界，一边维持着全职工作，而且办公室的老板和同事们居然都不知道！这一趟环爱尔兰之旅，我们除了看到美得不可思议的景色，还听到了阿迪大叔反转的人生故事。

# 第7章

# 带着孩子去旅行

婴儿天生就爱冒险，
只要不限制他，他的世界就有无限大。
带着小饼干旅行，我们发现，
每次旅行都让我们像初生婴儿一样，
用全新的角度看世界。

7-1

# 旅行让人生更精彩

人生只有一次，最可怕的是，让生命在不知不觉中慢慢流逝。我们之所以爱上旅行，就是因为它让我们走出了日复一日的生活，在新的地方又活了起来。

这次为了写书，我在相册里寻找过去几年旅行的照片，想从相片里找一些写作的灵感。

但是，我的天啊，这 4 年多来的照片存储量居然超过 500 GB，大约有 3 万张照片，看得我眼睛都花了（当然也让我想起很多旅途中有趣的故事）。

你们是不是也有这种体验，只要一出门旅行，回来花的时间最多的事就是整理照片。旅行时一天拍下来的数量，比平常上班时一个月拍的照片还多。旅途中每天看到的、接触到的，甚至吃到的，都是新奇的东西，忍不住一直按快门。

身处异地的兴奋、对陌生地方的害怕与好奇、对梦想中旅程的期待，让我们觉得每次冒险的时间都过得特别快。

人生只有一次，最可怕的就是，让生命在不知不觉中慢慢流逝，我们之所以爱上旅行，就是因为它让我们走出了日复一日的生活，在新的地方又活了起来。

4 年多的时间，从北美走到中美、亚洲、欧洲，从两个人变成三个人，这场环游世界之旅似乎也快走完了，但人生的旅程要永远都保持同样的热情，继续走下去。

Winnie 散漫游

2016年5月 / 意大利. 罗马

## 接吻之都

这个浪漫古城的空气中，飘散着恋爱的气息，伴随着街头艺人的手风琴声，随时放眼望去，都有恋人在接吻。在这样浪漫氛围里走着走着，一回神，我低头一看，居然我们也在手牵着手，甜蜜地走过了大半个城市。

7-2

# 没了工作，我们还剩什么？

这几年来，我变身银饰设计师、画家、全职妈妈、作家、冒险家……我和老 J 找回了儿时的勇气，无所畏惧，什么都想尝试，不在乎是否会浪费时间。

“你们住哪里？”“我们目前无家可归。”“你们做什么工作？”“我们现在是无业游民。”

“噢！非常抱歉。”当还来不及说我们其实已经退休，正带着孩子环游世界时，对方已经把他们的孩子抱开，还说很同情我们的遭遇……

大多数人都将 40 多年的时间花在工作上，久而久之，在介绍自己时，习惯会加上“我是在 ×× 公司担任 ×× 职务的 ×××”。名片上的职位似乎代表你的成功和社会地位，工作也变成了生活中的主要部分，好像没了工作，顿时会失去我们在社会中的角色。然而在一成不变的工作生活中，我们慢慢地忘了自己年少时的梦想。

退休后这几年来，少了一成不变的工作，我们有时间追求自己的梦想，甚至做了很多我不曾想过的事。我变身银饰设计师、画家、全职妈妈、作家（有博客就可以是作家）、冒险家、长笛学生，甚至未来我还有可能成为航海家，带着全家去航海，或是当老师，让儿子在旅行中自学。

我和老 J 找回了儿时的勇气，无所畏惧，什么都想尝试，不在乎是否会浪费时间，不在乎能否得到回报，也不给自己的未来设限，只要有兴趣就去做。没有闹钟、没有固定行程，不需要挤在人群中通勤去上班。

忍不住想想，如果世界上每个工作的薪水都相同，我当初会选择什么行业呢？小时候遥不可及的梦想，又逐一浮现在我的脑海里。

现在的我们很知足，也很惜福，有时间，也有机会，可以做没有后顾之忧的追梦人。

Winnie 散漫游

## 没了工作　我们还剩什么？

退休后的我们发现，自己除了工作的兴趣，还有银饰设计、语言进修、绘画、长笛……一个接着一个的新挑战，点亮了我的生活。多数人用“职业”定义自己的大半生和给他人打上标签。但我们因为财务自由，有时间，也有机会做个没有后顾之忧的追梦人。

7-3

# 想体验生活，却落荒而逃

在危地马拉，我们住进了玛雅原住民的家，不到一周的体验生活，最后以落荒而逃收尾。这也让我学会，要懂得珍惜已经拥有的一切，并心存感激。

旅途中，我们驻足过很多比较贫穷的国家。

在中美洲的危地马拉，我们被语言学校安排，住进了玛雅原住民的家，体验一周当地的生活。住宿的费用都是直接付给寄宿家庭，用来改善当地原住民的生活，语言学校也不会另抽佣金。每个人每天支付 10 美元，包含三餐。虽然我和老 J 两个人体验生活的费用，比住酒店至少贵上2倍，但我们相信，住进善良又热情的玛雅人家，一定会有个难得的回忆。

寄宿家庭的妈妈玛丽亚，带领我们从语言学校慢慢走回她家。一路上爬过一个又一个的上坡，我跟老J试着和玛丽亚聊天，但是她看起来心事重重、眉头深锁，走了20多分钟也说不了几句话。终于到达我期待已久的传统小屋，铁皮屋顶加上冒着炊烟的砖造烟囱，让我兴奋地想快走几步，进去看看里面的模样。

但玛丽亚指着主屋隔壁加盖的另外一栋建筑，里面有一间简单粉刷过、约5平方米大小的房间，放着一张已经下陷的弹簧床、一张书桌及小衣柜。这间房的隔壁还有一间一模一样，也是用来出租的房间。房间外是客人共用的厕所和浴室，虽然干净，但与真正的玛雅小屋完全隔离，跟我们想象中的住进当地人家的感觉颇有差异。

玛丽亚指着主屋说那是她家，除了玛丽亚，那里还住了丈夫萨巴多、约20岁的女儿、1岁的孙女，以及在上大学的小儿子。玛丽亚带着我们走到厨房，给我们准备了第一顿传统玛雅晚饭。然而吃饭时不知为何，只有我们跟爸爸妈妈坐在餐桌上，女儿、孙女及儿子都在门外待着。我问玛丽亚为什么其他人不进来吃，她只是摇摇头说他们还不饿，等我们吃完，其他人再吃就好。

接下来的一个星期中，我和老J都没有跟他们一起吃过饭，甚至和他们碰到面打招呼时，他们也总是冷冷地不太回应。偶尔小孙女在旁边哭闹，玛丽亚还是坚持不让她和我们一起吃。我和老J暗中觉得，我们好像是不太受欢迎的入侵者，所以不自在的我们总是快速地吃完饭，把餐桌还给他们一家。

我们期待已久的第一顿传统料理，没想到是一大盘番茄酱意大利面。玛丽亚和萨巴多吃着玉米饼配汤，而我跟老J吃着意大利面。我知道玛丽亚是好意，怕我们吃不惯当地食物，后来我跟玛丽亚说，以后不需要单独为我们准备食物，我们不挑食，也希望住在寄宿家庭时能体验当地人的饮食文化，不想麻烦她另外准备。

第一天晚餐时，萨巴多热情地招呼我们，好奇地问我有关台湾的事情，这大概是我们在这个家中感受到唯一的温暖。因为通常他一大早就要上山工作，晚上回家时看得出来，他已经累得连吃饭的力气都快没有了，甚至有时候没吃晚饭就去睡了。

玛丽亚仍旧话不多，偶尔开口也是在说他们的生活与美国人比起来有多贫困，还告诉我们，上一个客人每天都洗 20 分钟的澡，把热水器用坏了。现在浴室只有温水，还好天气不冷，温水应该够用，希望我们洗澡时间不要太久，用肥皂时也不要开着水龙头。5 月的山上，夜间只有 10 度。第一天晚上洗的温水澡，其实是冷水，我边洗边发抖，还担心浪费水，所以快速地洗完。

第二天趁着吃早餐时我和玛丽亚说，那水真的太冷了，她脸色一变说：“好吧，我会找人来修，但是修理费很贵。”之后她就面无表情不说话。为了缓和气氛，我称赞她准备的早餐中水果和蛋很好吃，玛丽亚却冷冷地说，“当然好吃，水果和蛋都很贵。”她边说边吃着她自己另外准备的面包。接下来几天吃饭时，依然是一样的情况，玛丽亚和萨巴多吃着跟我们不同的餐食。

危地马拉饮食习惯跟我们家乡相反，早餐午餐分量大，晚餐通常小小一份。因为怕吃不完浪费，我请玛丽亚给我一半的食物就好。如果吃不完那堆积如山的玉米饼，她就会看着我的眼睛说：“食物很贵！”无形的压力让我不得不吞下盘子里所有的东西，一点都不敢浪费。

一天吃午餐时，我跟老 J 每人面前摆放着一条炸鱼，“这鱼是从阿蒂特兰湖（Lake Atitlan）抓来的吗？很新鲜、很好吃，谢谢你。”“当然好吃，这鱼很贵。”听完，我差点儿连鱼骨头都吞下去了。

我想家里若有挑食不吃饭的小孩，送他们来玛丽亚家，孩子们可能会害怕得连盘子都舔干净。最后两天我们实在承受不了这种压力，跟玛丽亚说我们午餐和晚餐都和其他同学约好在外面吃，那也是我第一次看见她灿烂的笑容。

有一天，她说她女儿可以帮我们洗衣服，比外面的洗衣店便宜。我想既然可以帮助她们有另一份收入，何乐而不为。没有多想就直接交由她处理，结果那一袋衣服被收了 75 危地马拉格查尔（当地币种名称），而同样的衣服如果送去洗衣店仅 35 危地马拉格查尔。

我们越住觉得压力越大，也失去了想深入了解当地家庭的本意，因为在这里我们除了三餐时间跟他们有些许的互动，其他时间似乎都被当成了不受欢迎的“提款机”。我们终于鼓起勇气告诉玛丽亚，我们下星期想搬家，然后她开始细数这些天为我们花了多少钱，又说少了我们的收入来源，她们全家会生活得更加困难。

最后她知道已成定局后，看着我心爱的相机狠狠地说：“你们要搬去酒店住的话，要小心相机被偷走，有学生住酒店时相机不见了。”这句话让我接下来的一个月里都提心吊胆，不敢把贵重物品放在酒店。

我们参观过当地其他人的家之后才发现，其实玛丽亚一家的生活一点都不穷苦，他们有着当地算是豪华的房子，里面有电视、自来水、现代厨房、大烤箱……当地老师的基本月薪约2 000元，而玛丽亚出租的两间客房如果住满4个人，每个月可以带来8 000元的收入（当地菜市场一份鸡腿饭只要8元）。这对真正穷苦的低收入家庭而言，却是很大一笔钱。

这一个星期，我和老J也不算没有收获，至少我们从玛丽亚身上学习到，要珍惜我已经拥有的一切，并心存感激，而不是怨恨和嫉妒我所没有的东西。如果每天带着负面情绪过日子，不久的将来我也会变成一个总是苦着脸的老太婆，不知惜福且太过计较的人，往往对眼前的幸福视而不见。

Winnie 散漫游

2013年5月／墨西哥．危地马拉

## 火山湖中奇境

绵延的山峦是我从来没见过的奇幻世界，汽车仿佛开入云雾中，打开窗似乎张口就能吃到像棉花糖一样的蓬松白云。坐落在山中村庄的小屋，黄昏时一间间屋顶冒出白色的炊烟。一闪而过的是身穿传统服饰、顶着汲水水壶的玛雅原住民妇和背着柴火的男人。忽然间，不确定看到的是幻境还是现实。

MIKASO

7-4

# 家就在背包里，越旅行东西越少

刚出发的时候，我很怕带不够东西，把背包塞得快变成真空状态，但是越旅行越觉得东西带太多了，把家背在身上才发现，原来我们需要的那么少。

旅行中，我跟老J为了打包行李吵了无数次的架。

“你东西带太多了，才会每次打包都那么累，我扛得也好累。”各位乡亲评评理，一家三口所有的家当，只有两个登山大包和一个行李箱，这样还多？我也忍不住发火，东西一摔：“以后自己的东西自己装，我不管了！”

但我忘了老J是狮子座，激不得，他马上把自己的东西

统统装进垃圾袋里，“反正我只需要一条泳裤，其他都不要了。”好啊，看你今天晚上没内裤怎么办，气死我了！

结果晚上洗澡时，他装作没事的样子，在浴室叫我帮他拿衣服。不是都丢光了？哪来的衣服（递上泳裤一条）。

我最痛恨收拾行李，每次打包就很容易发火，类似的戏码已经在我家上演了很多次，最后都是我默默地把放在门口的垃圾袋再捡回来——老J也知道，垃圾袋不能丢太远，不然无法找台阶下。

我们刚出发的时候，我很怕带不够东西，硬是把两个大背包塞得快变成真空，人还要站上去踩一踩，就算可以多塞一件内裤都值得。

但越旅行越觉得，自己带的东西太多了，于是沿路把行李越减越轻，剩下不到7套衣服，1条牛仔裤，1双方便走路的鞋子。把家背在身上才发现，原来我们需要的那么少。

旅途中，慢慢地我开始不在意别人的眼光，背包客的世界里不需要遵循主流的潮流。世界那么大，谁说美只有一种。名牌包不如一个坚固耐用的大背包好，美丽的高跟鞋比不上一双方便走路的破布鞋，我也不用化妆品，省得还要卸妆。如果大家在城市里的生活也能如此自在，该有多好。

东西都那么少了，为什么还要吵架呢？因为 4 年后我们多了一个宝宝，全家的东西还是两个大背包，不过里头装的 50% 都是婴儿的东西，还多加了一个皮箱放他的玩具和一辆婴儿车。新手妈妈还在适应带着婴儿旅行的生活模式，等过几个月后，我一定会鼓起勇气，挑战不用皮箱带着宝宝去旅行。

7–5

# 带着孩子去旅行



带着 5 个月大的“饼干”去旅行，不是为了让他看世界，而是我们想要重拾儿时的梦想。世界每个角落都有人生养小孩，当地人可以把小孩养大，我们也一定可以。

“你们要带这么小的婴儿去旅行？”“婴儿抵抗力很弱，不怕他生病吗？”“他才 5 个月，什么都不懂，带他去做什么？”“婴儿需要稳定的环境。”2016 年出发去日本前，我的心情无比忐忑，这些问题除了亲朋好友会问，我也不断问我自己：带着“饼干”去旅行，到底有什么意义？

看着趴在地上，有事没事都要咿咿呀呀的小饼干，想着我连在家里都快搞不定他了，带他去旅行，不是要整死自己吗？

参考了网络上其他博主分享的经验，他们大部分都是带着会走路的小孩，好像真的很少人会带只能趴着的婴儿出门。

这趟 9 天 8 夜的日本行，必须准备的婴儿用品包括辅食、推车、尿布……大包小包只是想想，我就已经头晕了。背包客家里没有行李箱，本来我还打算为了这次旅行买一个行李箱，专放饼干的东西，结果最后出发时，我们一家三口的行李塞进了大背包就解决了。

本来担心东西带不齐全，结果一路下来，不觉得少带了什么，反而还有些东西根本不需要带出门。本来担心他坐飞机会大哭，结果一路上他累了就睡，醒来就笑；本来担心他脱离规律的生活会不适应，结果他每天开心地睁着大眼睛到处看新奇的东西（比在家里好带 100 倍！）；本来担心他水土不服会生病，结果他在日本活蹦乱跳，回来反而发烧。

所以出发前所有的害怕和担忧，都是自己吓自己，其实我最需要带出门的就只有信心，加上充沛的体力。特别要提醒大家，出门前一定要记得练脚力，我跟老 J 在旅行的两个星期之前，每天背着饼干出门走 1~2 小时，幸亏有训练，不然到日本第一天应该脚就废了。

我们带着 5 个月的饼干，并不是为了让他看世界，他还那么小，他的世界目前有我和爸爸就够了，只是我和老 J 想要慢慢重拾儿时的梦想。这次带着小婴儿去旅行，才发现原来我们爱上旅行，是因为每次的旅行，都让我们像初生婴儿一样，用全新的角度看世界。

每天都有不同的刺激和新奇的事发生，让我们目不暇接，一刻也不想错过。逃离了往日单调重复的育儿生活，9 天的日本之旅就算只是在街头散步，我们都觉得过得无比精彩。

而且我居然不再看老 J 不顺眼了，因为每天看着他任劳任怨地扛行李、背婴儿，觉得自己嫁的这个男人真不错。

经过了日本之旅，我们知道，其实带着婴儿旅行并没有想象中那么困难，我们有信心背着婴儿一定可以走遍全世界。我们越走越放得下，知道不需要为了保护他，一直在他身上戴着安全带，甚至把家里所有的婴儿用品都带出门。

世界各个角落都有人生养小孩，当地人可以把小孩养大，我们也一定可以。

Winnie 散漫游

2015年9月／日本．京都、大阪

## 带着婴儿去旅行

带着5个月大的饼干，并不是为了让他看世界，而是我们想要重拾儿时的回忆。这次带着小婴儿去旅行，才发现原来我们爱上旅行，是因为每次的旅行，都让我们像初生婴儿一样，用全新的角度看世界，每天都有不同的刺激和新奇的事发生，让我们目不暇接，一刻也不想错过。

歴史的風土特別保

大黒そば
町内安全

7-6

# 谢谢你给我旅行的勇气！

饼干对这段旅程可能不太会有记忆，但这一路所看到的风景、接触到的人和事，一定会对他产生一些有趣的影响。至少，他一定会是个有勇气、敢探险的孩子。

日本行之后，我们一家三口又花了 3 个月的时间，走遍了东南亚的泰国、马来西亚、新加坡等地。

刚出发时我常提心吊胆，担心出门在外买不到婴儿用品、东南亚国家卫生环境差、小饼干无法建立良好的生活习惯……这么多的害怕和担心，在看着他一天天长大的过程中，渐渐消失了。

这3个月，看着他在旅途中，从一个只会趴着的婴儿，慢慢迈开脚步到处爬；从一开始离开妈妈就会哭，到现在自己会推开妈妈到处去探险；从害怕陌生人，到现在看到陌生人，就对着对方笑。

每天早上一睁开眼，他就坐不住，开始东爬西爬，只要一带他出门，心情马上就变好。对他来说，这个世界的每一寸土地都那么新鲜有趣，他光忙着探索都来不及，根本没空害怕。

在旅程中，我们也遇到了很多带着婴儿旅行的父母，大家都说，在外头养小孩比在家容易得多，每一天都充满了冒险和刺激，让他们没时间哭闹。

他可能对这段旅程不太会有记忆，但这一路所看到的风景、接触到的人和事，一定会对他产生一些有趣的影响。至少，他一定会是个有勇气、敢探险的孩子。

婴儿天生就爱冒险、爱探索，只要我们不限制他，他的世界就有无限大。看着饼干对这个世界充满了好奇，什么东西都想摸一摸、玩一玩，我跟老J也越来越有勇气，要带着他走遍千山万水，漫游世界。

7–7

# 退休后靠什么养小孩?

从怀孕那天开始，我们就知道会有教育费支出，从今天开始计划，加上投资复利，18 年后的 100 万元，现在看来，1 个月不过是少花 3 000 元，每天少花 100 元。

很多人在我们生了饼干之后，问起他将来的教育费，会不会对我们的退休计划造成影响？2016 年过年发红包时，我想到了一个童年往事，跟大家分享一下。

每年过年，是小朋友最开心的时候，一群孩子在一起玩耍，有吃不完的糖果、点心，还有红包可以领。

但是，应该有不少人跟我一样，领到的红包，下一秒，就出现在了家长的手上。因为从我有记忆以来，在还不知道“钱”是什么的时候，我一领到红包就要交给妈妈，然后她会马上打开红包，把里头的钱拿出来，重新再包回给亲戚的小孩。

当时年纪还很小的我只觉得，这样的活动很奇怪，为什么大家要用信封装钱换来换去？当时我也不会吵着要拿里头的压岁钱。等年纪大一些，我才知道，原来有些小朋友过年领的压岁钱，是可以自己留下来买喜欢的玩具的。但那时候的我也知道，我们家最缺的就是钱，因为我常常听到父母为了钱不够用而争吵。

等到我学会理财之后，才明白，当初父母为什么拿不出红包的钱。

在我父母离婚前，我家当时并没有家徒四壁，不仅有电视、家具，还有宠物。我爸爸的工作有固定收入，吃饭也从来没饿过肚子，放假时大人们还可以打麻将消遣。当年一个红包大约 20~40 元，一个大家庭里，叔叔伯伯等亲戚的孩子们加起来不超过 10 个人，等于 1 年要准备 200~400 元红包，只要每天存 1 元，1 个月存下 30 元，1 年下来就有 360 元。

日常生活中，每天如果想存下 1 元、5 元，只要少买一瓶饮料、一份报纸、少打一场麻将、少抽一包烟就可以做到……很多完全没注意到就花掉的小钱，积累下来，也是一笔惊人的财富。

如果不是因临时意外而出现的花费，那就更容易提前做规划。年初就知道年底要包红包，假如每个月准备一些，到了年底就不会两手空空，着急地找人借钱。

现在有了自己的孩子，我们当然希望他能接受好的教育（“好”不代表“贵”）。从怀孕那天开始，我们就知道 18 年后会有教育费支出，从今天开始计划，每天省下一点，靠着稳定投资的复利，18 年后的 100 万元，现在看来，1 个月不过是少花 3 000 元，每天少花 100 元。

除了提前帮他准备教育基金，我们也会让他从小一起参与理财，让他能学习这个很重要的人生技能。在饼干的成长过程中，我们也会以身作则，教授他金钱和投资的知识。

说不定他 18 岁时就已经理财成功变成大富豪，可以靠着自己理财的成果上大学，不需要动用父母准备的大学经费，没准儿过年还可以给我们大红包呢！

虽然我们在学校和家庭教育里学到了很多知识，但“理财”这个技能往往是进入社会后自己赚了钱才开始摸索。大家或许可以借着今年发红包的机会，一起教孩子们如何用钱、如何存钱，甚至如何投资，让他们从小学习合理分配自己的钱财。

相信现在很多朋友会帮孩子从小做好理财规划，帮孩子买保险、买基金、开定存账户，但是给他们钱，不如从小教他们如何管理钱，这才是他将来一生受用不尽、价值千金的大红包。

Winnie 散漫游

2015年4月 / 中国台湾

## 冒险人生新旅伴

本来不打算生孩子的我们，在2014年鼓起勇气展开了另一个会影响一生的冒险，做了两次循环的试管婴儿后，幸运地有了“小饼干”。从不是很顺利的怀孕过程、安胎，到生下一个无比健康的小孩，每一段过程回忆起来，既辛苦又甜蜜。自从有了这个小旅伴，虽然旅途中多了些麻烦，却也体验到了从来不曾有过的满满的爱。

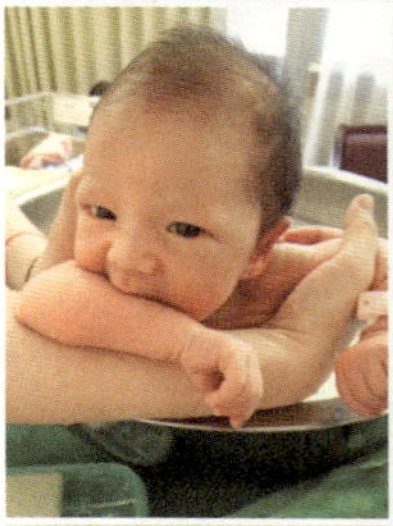

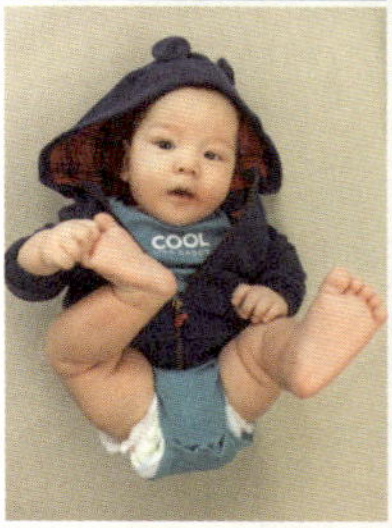
COOL

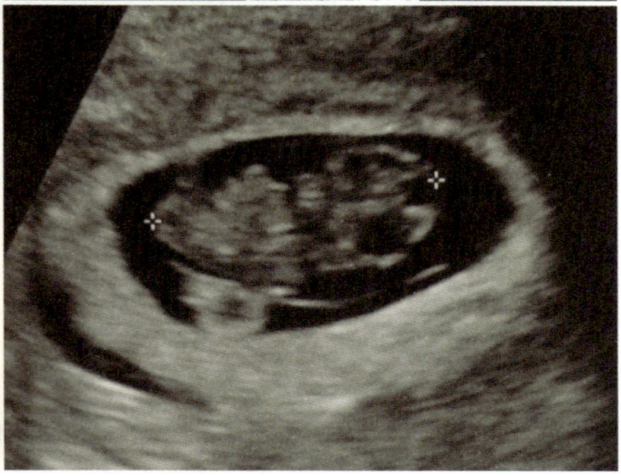

第 8 章

# 换你来实现梦想

为了提前退休而改变生活习惯，
你觉得很困难吗？
但就是这样一天一天慢慢改变，
节约生活变成了我们的新习惯，
祝大家都能早日实现自己的目标。

8-1

# 开始改变，未来一定会更好

年轻的时候，我做过一件过了好几年都不愿意面对的事情。不过，我也觉得自己很幸运，可以在很年轻的时候，学到这么宝贵的教训。

这本书的最后，跟大家分享 20 年前我做的一件关于钱的事情来做结尾（其实应该可以算是犯罪行为了）。

十七八岁那年，正是自以为已经长大，其实还是个小孩的年纪，什么都不懂，但又很爱装懂。当时我正好是班上的文艺委员，负责管理大家的毕业旅行基金。本来这笔费用应该存在银行的，我却把它们放在零食盒里，因为我不知道怎么开户，又不好意思问人……是不是很愚昧？现在真想坐时光机，去掐过去自己的脖子！

当年我家境并不算好，但我也想要表现出我很酷，也想穿漂亮的衣服，用最流行的东西。而零食盒又在触手可及的地方，所以大家应该猜到了，我居然挪用公款！

第一次只是拿几百块，想着以后一定会补回去，虽然花着不属于我的钱，心里很害怕，但又克制不了自己想花钱的欲望。结果几百块、几百块地花着，等到我回过神来，零食盒里已经空了一半！心慌意乱又不知该怎么办的我，做了一件更愚昧的事，我决定在毕业旅行之前努力打工，把钱补齐，所以我一个月都没去上课，差点被退学。

还好当年我的同学们既善良又温暖，他们不但不计较我做的事情，还想办法帮我跟老师求情，让我回学校上课。如果没有他们当年的帮助，就没有现在的我（写到这里我眼眶都红了）。

这件事对我人生的影响很大，我下定决心再也不做经手钱的工作（所以当年大学念会计，进入社会后却没做过跟会计相关的工作），也发誓一定不欠债，不买超出自己能力范围的东西，如果需要管理账目，每笔账目一定要清清楚楚。

那件事实在太令我羞愧了，所以我一直把它藏在记忆里一个永远不想去面对的角落，从来不曾提起，却不曾忘记。今天写出来，是想借着这个故事告诉大家，谁都有过去，但重要的是，诚实面对自己以前的错误，记住教训并做出改变，放眼未来。

可能有些人现在正花着不属于自己的钱，为了想让自己在别人眼中过着看起来不错的生活，用信用卡分期付款或预借现金，享受着负担不起的东西，消费着未来。

一转眼，累积了惊人的卡债，还幻想着总有一天会有能力还清债务，或是不小心做出了错误的财务决策，不但没存到钱，甚至还负债。

因为害怕而不敢面对，只会越陷越深，只要能诚实地拿出勇气面对，下定决心改变，从错误中学习，一定会有比原来更美好的未来。我应该算是很幸运，在很年轻的时候学到了这么宝贵的教训，让我在之后处理财务时能无比小心。

我衷心地祝福每个人都能快乐理财，过上幸福的日子。

8–2

# 10个提前退休的小秘诀

一开始接触提前退休的观念，我们心存许多疑惑，实际动手做了以后，发现一切并没想象中那么困难。好好享受属于你的财务自由旅程，终点绝对比你想象中来得近。

为了能提前退休而改变生活习惯，很困难吗？改变原有的生活习惯必须付出一点努力：少喝一杯咖啡、记下每笔消费、少买一些想要的东西、学习投资……一开始可能会觉得有点辛苦、麻烦，甚至觉得自己牺牲了原有的生活品质。

但就是这样一天一天慢慢改变，节约生活变成了我们的新习惯，也让我们越来越乐在其中。这些小小的改变累积起来，为我们日后60年的生活带来了自由。

现在想想，接受新观念反而比改变习惯困难。我们一开始接触到提前退休的观念时，心存许多疑惑，实际动手做了以后，发现一切并没有想象中那么困难。以下是10个简单的提前退休的小秘诀，祝福大家都能早日实现自己的财务目标。

**秘诀1 立刻开始存钱**

再次强调，千万别小看复利强大的力量。尽早学会投资理财，让复利为我们工作，而非每个月为了偿还贷款卡债，让银行赚取复利。享受投资复利带给我们的财富，就像水顺流而下一样，可以随着时间轻松积累金钱。

我们在20多岁存下的每1块钱，通过复利，到了30岁能增值2倍，到了50岁可以增值4倍。所以越早开始存款，收获越大。别再犹豫，就从今天开始吧！

**秘诀2 设定一个大目标**

我曾经看到一篇报道，台湾39岁以下的上班族，银行存款平均不到14万元，还有22%是月光族。虽然调查的样本数才1 000多人，不能完全反映多数人的情况，但事实上真的有很多人因为存款不足，需要将退休年龄延迟到70岁，甚至很多年轻人觉得，要存钱退休根本不可能，不如即时享乐当月光族，享受小确幸比较实在。

为自己设定一个高存款比例，一领到收入就立刻存起来，而不是像多数人一样，月底薪资有剩余时，才想到要存钱。如果能减少物欲，简单地生活，每个月存下 50% 收入，等同于工作 1 年就可以休息 1 年，再经过谨慎投资，就有可能在 16 年内实现财务自由。

设定高一些的目标，便很快能看到自己银行存款账户里的数字增加，会更有动力存钱，就算最后无法达成 50% 存款率，也至少比 0% 多。

### 秘诀 3　享受不要随着收入的增多而升级

人的欲望总是随着收入增加而越来越大，学生时代买自行车，进入社会工作想买汽车，收入稳定了就考虑买房……为了证明自己事业成功，就开始换好车、换大房，当收入增加，大部分人的生活形态也会跟着升级，享受自己的劳动所得。

但是如果我们在收入增加时，还能维持原来的简单生活状态，把升职得到的加薪或是额外收入，拿来投资增加资产，财务自由绝对比你想象来得近。

当财务自由后，不用为五斗米折腰，生活才是真正有品质。你可以开始追求梦想，为了兴趣而工作，也可以没有罪恶感或压力，享受任何你能负担的东西。

每个人都有物欲，都想享受当下更好的物质生活，但大家可以多思考，这些花费是否值得我们付出 50 年的人生？

**秘诀 4　别再看电视了**

现代人每天接触大量广告或名人植入的营销广告，而大部分广告，会让我们越看越觉得自己的生活不够好。你的车不够高级、衣服不够时尚、身材不够完美……好像只要花钱买了广告中的产品，生活就会变得更美好。

买了这些广告里的商品或明星们使用的东西，可能会给我们带来一时的快感，但这些东西并不能带给我们长期的心理满足。越接触这些让人觉得不满足的广告，越容易造成冲动消费，但大多数买回家的商品，很快会被更新、更炫的产品所替代，让我们陷入无穷无尽的欲望中。

把看电视的时间拿来充实自我，学习新的技能，或是多参与户外活动，跟家人朋友聚会。

**秘诀 5　学着爱上自行车**

骑自行车不但可以省下交通费，还顺便省下了去健身房的会费，身体健康了，也就减少了日后的医疗费用。住在美国的时候，我们过着没有车的生活，去哪里都骑自行车或坐公交车，

10年下来光是交通费、油费、保险费，我们就节省了大约10万美元。

在台北生活的朋友更没有需要买车的理由，因为通勤时间的街道经常堵车。多利用公共交通工具，例如公交车、地铁，甚至偶尔乘坐出租车，都比开车划算。

### 秘诀6　在家烹饪出餐厅级别的好菜

不需要花钱去餐厅，在家里就能做出健康又美味的食物，而且比餐厅更能掌控食材的新鲜度及品质。做饭不是一门复杂难懂的学问，网络上一搜索，就可以找到很详细的食谱。只要用心多练习，大家都能变身大厨。

我们家几乎每个周末都有朋友来聚餐，我会在家请客或和大家分享做饭的经验，真的很经济实惠，且能联络感情。

### 秘诀7　别把黄金岁月献给房贷

在房价高涨的时代，大家喊着买不起房子，但还是有很多人拼了命地想要买一间属于自己的房子。辛苦买了房子、成了家，添购能让生活品质更好的家具、电器，把家装修成梦想中的模样，然而一生中最宝贵的20~30年里，人们为了还高额房贷，很少待在这个房子里。

白天上班时屋子里空荡荡，晚上父母加班，孩子也跟着在学校继续学习，好不容易还清房贷可以退休了，也错过了孩子们只有一次的成长过程。

2015 年我回到台湾，租了一间舒适的待产小屋。一年的租金其实还买不起这间房子的 0.5 平方米，大家可以仔细想想，是否以租房代替买房，把买房的资金及贷款用于投资理财，避免把青春都奉献给银行。

### 秘诀 8　建立共同兴趣的朋友圈

要追求与众不同的目标，就需要采取一些与众不同的行动，过程中你可能会面临其他人异样的眼光或恶意批评。不妨花点时间找到与自己价值观相近的朋友及另一半，在你需要鼓励时激励你，在你成功时为你感到开心；参考别人成功的经验，学习他人失败的教训，会让你少走很多冤枉路。

### 秘诀 9　培养有益身心的兴趣

看电影、逛街、唱 KTV……大多数都市人的兴趣，都是用金钱换取几个小时的娱乐，短暂的快乐过后，似乎没有为我们的生活带来什么长期的益处。

不如多培养一些不用花大钱，而且有益身心的兴趣，例如打球、慢跑、骑自行车、学习乐器、练习画画或做手工艺……试着开始培养一些能带给你成长的兴趣，这些兴趣会伴随你一生，越做越有成就感，从而带来身心成长的快乐及健康。这些技能或许有一天会为你带来意想不到的额外收入。



**秘诀 10　马上采取行动**

我和老J实现财务自由的方法很简单：少花、多存，谨慎投资、耐心等候。

为了提前退休，10多年来我们做了无数的改变，卖了美国的房子，搬进一间小公寓；卖了车，学习节约生活；存下70%以上的收入，但每项改变都为我们带来正面的影响，让我们活得更开心、更自由，也更健康。

如果你也想达成目标，那就立刻展开行动，最终获得回报的一定是你自己。保持正面及乐观的心态，好好享受属于你的财务自由旅程，终点绝对比你想象中来得近。

SKIPPERKROEN

Winnie 散漫游

2016年7月／丹麦

## 学习与自然共处

丹麦人由衷热爱户外运动和大自然，热闹的市区中有公园和运河，大人小孩风雨无阻地骑车、划船，或是在公园野餐、踢球。在船上聊着聊着突然天空飘起了雨，我连忙把饼干从头到脚包起来，慌张地想上岸躲雨，而当地人却面色不改，继续待在船上享受自然风光。

49

8-3

# 一起来计划
# 你的财务自由之路

财务自由之路没有想象中那么困难，如果你也想要完成环游世界的梦想，最重要的是，立刻跨出第一步：动手做。也许有一天，我们会在某个国家相遇！

看完我们奔向财务自由之路的故事后，有没有觉得，要实现梦想，其实没有那么困难？现在，拿起纸、笔，把你的梦想写下来，对照以下的步骤，换你来圆梦。

如果你的梦想跟我们一样，想要悠闲地看世界，也许哪一天，我们会在这个世界的某个角落相遇！

### 第 1 步　记录详细收支表

明确了解自己的每一块钱花在哪里，用每年的生活开销，估算财务自由所需的资金。

### 第 2 步　推算财务自由资金

根据 4% 法则，将每年需要的费用 ×25 倍，就等于目标存款。假设每个月要花 10 万元、1 年 120 万元，则需要准备 3 000 万元，存下这些钱，不上班也有钱花了！

### 第 3 步　存下至少 50% 收入

还记得第 150 页的表格吗？努力存下每年一半的收入，只要 15 年就可以实现财务自由。双薪家庭可以角色扮演，假装是单薪家庭，存下其中 1 人的全部收入，也算存下了一半。

### 第 4 步　减少三大支出

存不了一半收入吗？仔细看看收支表，衣食住行育乐中哪项花的钱最多？把支出表中的前三项花费找出来，发挥创意，减少其中一半的花费。例如，搬到小一点的公寓或找室友合租，减少“住”的开销；不买车，多骑自行车，便宜又健身，减少“行”的开销；自己做饭，健康又实惠，减少“食”的开销；把衣橱里的衣服穿破，再考虑买新的，减少“衣”的开销。

**第 5 步　认清想要和需要（避免冲动购物）**

把不起眼的小支出存下来，都是你未来的梦想资金。不在预算内的东西不买，买东西前不忘提醒自己“我拥有的东西已经够多了”，珍惜已经拥有的物品，一物多利用。

**第 6 步　长期稳健的投资**

选择适合自己的投资方法，不追求高收益，定期投资、长期持有。

**第 7 步　设法增加收入**

随着工作年限，提高自己的竞争力和不可取代性，让收入（身价）随着年龄水涨船高，且不随着加薪而增加花费，并想办法开发除了主动收入的被动收入财源，例如投资、经营自媒体、收租金……发挥创意，让财源广进。

# 现在及未来

2016 年的环欧 4 个月之旅结束后，我们带着儿子回美国跟老 J 的家人团聚，全家四代 25 口人，一起租了个湖边小屋，度过一个夏日长假。

放眼望去无人的平静湖面上，船身随着每一次划动，微微地左右摆动向前滑行，听着船桨规律地划过水面的声音，哗啦哗啦，数着那些小小波浪轻轻拍打着船身，我渐渐地进入了冥想般的平静。

心中、脑中完全是一片空，我什么也没想，深深吸了几口乡间纯净的空气。看着微凉的风吹起天上缓慢移动的大片浮云，一会儿视线又被那像圣诞灯饰般闪烁跳动的湖面吸引，手中扶着在晃动中陷入沉睡的儿子，好久没有感受到像这样的平静美好。

这段短暂的片刻，我是完全活着、感受着。随着船慢慢驶向岸边，“等会儿晚餐要准备什么？明天要打包离开？还有接下来的行程呢？”脑中一个接着一个未完成的“俗事”开始把我从短暂的虚无中拉了回来。

我想，人们之所以爱旅行，也是因为旅程中，我们可以暂时放开俗世间的一切烦恼，短暂地用尽全身的感官，拥抱世间单纯的美好。

这 4 年多的旅程，我们就像在一个广大无边际的湖中飘荡一样，虽然可以尽情享受这人间的美景、美食，体验人世间的美好，但最终还是要靠岸稍做休息。

旅行暂时结束了，很多人问我之后有什么打算。

一部分的我还想继续流浪看世界，旅行越久，越能体会世界真

的好大，就算花上一辈子也走不完。但一部分的我又很渴望安定，想重建一个有规律的生活，在一块小土地上深耕属于自己的世界。左拥儿子、右抱老公，一间小屋，一条小狗，一只小猫，三五好友、家人常聚闲聊。

目前，我理想中的生活就是找个地方暂居，长住一阵子，可能在异乡，也或许在台湾。

有财务自由当后盾，我们的人生多了很多选择的权利（虽然太多选择反而常让我们有点头痛）。等有一天，我们又想逃脱俗世间生活的一成不变，就会再度背起背包，上路流浪。

我们的财务自由之路故事说完了，献给或许觉得财务自由是遥不可及的你，虽然梦想看似遥远，但只要跨出第一步，就离它更近一步。

想象 15 年后不用上班就有钱的自己，会在哪里？在做些什么呢？衷心期待 15 年后、20 年后，能听到属于你们自己的财务自由故事。